커피 칵테일

커피 칵테일

발행일 2020년 8월 17일 초판 1쇄 발행
지은이 제이슨 클라크
옮긴이 박지웅
발행인 강학경
발행처 시그마북스
마케팅 정제용
에디터 장민정, 최윤정, 최연정
디자인 강경희, 최희민, 김문배

등록번호 제10-965호
주소 서울특별시 영등포구 양평로 22길 21 선유도코오롱디지털타워 A402호
전자우편 sigmabooks@spress.co.kr
홈페이지 http://www.sigmabooks.co.kr
전화 (02) 2062-5288~9
팩시밀리 (02) 323-4197
ISBN 979-11-90257-65-7 (13590)

The Art and Craft of Coffee Cocktails
Text and commissioned photography ⓒ Jason Clark 2018
All rights reserved.
First published in the United Kingdom in 2018 under the title The Art and Craft of Coffee Cocktails by Ryland Peters & Small Limited
20-21 Jockey's Fields
London WC1R 4BW

Korean language edition ⓒ 2020 by Sigma Books translation rights arranged with Ryland Peters & Small Limited through EntersKorea Co., Ltd., Seoul, Korea.

이 책의 한국어판 저작권은 ㈜엔터스코리아를 통한 저작권사와의 독점계약으로 시그마북스 가 소유합니다.
저작권법에 의하여 한국 내에서 보호를 받는 저작물이므로 무단전재와 무단복제를 금합니다.

이 도서의 국립중앙도서관 출판예정도서목록(CIP)은 서지정보유통지원시스템 홈페이지(http://seoji.nl.go.kr)와 국가자료종합목록 구축시스템(http://kolis-net.nl.go.kr)에서 이용하실 수 있습니다.(CIP제어번호: CIP2020029930)

* 시그마북스는 ㈜시그마프레스의 자매회사로 일반 단행본 전문 출판사입니다.

커피 칵테일

세계적인 바텐더 제이슨 클라크가 알려주는 커피 칵테일 레시피 60

제이슨 클라크 지음 | 박지웅 옮김

시그마북스

차례

추천사 ... 7
머리말 ... 8
이 책의 사용법 ... 10
유용한 도구 ... 12

커피

커피의 역사 ... 16
경이로운 커피의 세계 ... 20
커피란 무엇인가 ... 22
로스터리 ... 24
로스트 ... 26
커피 선별 ... 28
커피의 향미 ... 30
칵테일에 들어갈 커피 브루잉하기 ... 32
추출 ... 34
에스프레소 ... 36
콜드 브루 ... 40
프렌치 프레스 ... 44
푸어 오버 ... 46
파드 커피 ... 48

칵테일

칵테일의 기본 ... 50
1 셰이큰 ... 52
2 핫 ... 92
3 빌트 ... 120
4 스터드 & 쓰로운 ... 144
5 블렌디드 ... 166
6 홈메이드 커피 칵테일 재료 ... 182

용어사전 ... 204

추천사

마틴 후닥
런던 사보이 호텔 아메리칸 바 소속
2017년 월드 커피 인 굿 스피릿츠 챔피언

『커피 칵테일』은 우리 업계에서 오랫동안 바랐던 책이다. 매력적이면서도 간단한 커피 칵테일 레시피를 근사한 사진과 함께 살펴볼 수 있다. 음료를 좋아하거나 전문가로 활동하는 사람이라면 반드시 읽어야 한다고 생각한다. 책을 읽으면서 많은 영감을 얻고 다양한 커피 칵테일을 즐기기 바란다!

마틴

개리 리건
유명한 바텐더이자 『칵테일 제조의 미학(The Joy of Mixology)』, 『네그로니(The Negroni)』, 『바텐더의 진 사용법(The Bartenders' Gin Compendium)』 등의 칵테일 관련 책을 쓴 작가.

제이슨 클라크가 입을 열면 모든 바텐더가 이목을 집중한다. 전 세계의 바 테이블 너머에서 벌어지는 일을 정확히 꿰뚫고 있는 사람이라는 확실한 증거다. 제이슨은 이를 더 명확히 증명하기 위해 전 세계에서 엄청난 인기를 끄는 음료인 커피 칵테일에 관한 책을 초도작으로 내놓았다. 나는 오늘날의 커피 칵테일 열풍을 불러일으킨 것이 역사에 한 획을 그은 바텐더, 딕 브래드셀의 손에서 탄생한 에스프레소 마티니라고 생각한다. 한 번이라도 이 예술품을 맛본 사람이라면 다들 왜 이렇게 유난을 떠는지 이해할 수 있으리라. 제이슨은 책에 등장하는 음료의 모든 면을 꼼꼼하게 따지면서 커피 칵테일의 개념을 아예 완전히 새로운 차원으로 끌어올렸다. 앞으로 제이슨의 설명을 따라 커피의 종류, 커피를 내리는 방법, 커피 칵테일에 어울리는 커피와 그 이유를 알아볼 것이다. 책을 다 읽으면 어디서도 꿇리지 않을 정도의 커피 애호가로 재탄생할 수 있다. 구미가 당기지 않는가? 제이슨이 여러분의 과외 선생님이 되어 특유의 방식으로 지식을 전수하므로 이 벽돌 같은 책을 읽는 일은 상당히 흥미로운 경험으로 다가올 것이다. 아마 자신도 모르는 사이 자연스럽게 제이슨의 제자가 되어 있으리라.

개리

머리말

20년 넘게 주류 업계에 종사하며 정리한 레시피를 선보이게 되어 기쁘다. 이 책은 입문자부터 숙련된 바텐더와 바리스타까지 모든 수준의 독자가 커피와 술이라는 인생의 즐거움을 창의적이고 맛있게 섞을 수 있도록 지식을 전수하고 동기와 영감을 불어넣기 위해 탄생했다.

커피와 칵테일 산업은 수준과 독창성 면에서 황금기를 누리는 중이다. 전 세계 모든 도시마다 있다고 해도 과언이 아닌 열정적이고 독창적인 바텐더와 바리스타의 헌신 덕분이다. 이들은 자신만의 음료를 개발하고 개선하기 위해 많은 시간을 투자한다.

커피와 칵테일은 닮은 구석도 있지만, 완전히 다른 세계에서 활동할 때가 많다. 커피는 낮을, 술은 밤을 지배한다.

아침 회의와 금요일 퇴근 시간에 슬쩍 나타났다가 사라지는 두 음료는 완벽한 접객으로 바의 위상을 높이려는 사람들이 매일 노력에 노력을 거듭하는 과정에서 발전한다. 단순히 손님을 불러들이고 돈을 벌려는 의도가 아니라, 일상에서 약간의 위안을 찾아서 모이는 수많은 낯선 이의 얼굴에 미소를 띠게 하기 위해서 하는 일이다.

바텐더와 바리스타는 공들여 맛있게 제조한 음료를 마시면서 즐거워하는 손님을 보면 형언할 수 없는 만족감을 느낀다. 더러운 앞치마, 피로에 지친 다리, 말라서 갈라진 손가락, 바 혹은 카운터 뒤에서 고독하게 보내는 시간과 거리가 먼 직업에 종사하는 사람이라면 공감하기 어려운 부분이다.

내게 가장 중요한 것은 바다. 커피는 그다음이다. 밤일을 시작한 이후, 아침이 사라짐과 동시에 인스턴트커피와도 인연이 끊겼다. 하지만 꼭두새벽에도 기운과 미소를 잃지 않는 방법을 연구하던 도중, 커피를 한 잔씩 마시며 서로를 격려하는 시간을 가지면 졸음을 이기는 데 도움이 된다는 사실을 알아내면서 커피는 내가 일하는 바의 일상으로 자리 잡았다. 커피와 칵테일은 모두 내 인생에서 빠질 수 없는 존재다. 어찌 보면 둘을 섞는 것 역시 자연스러운 일이었다.

오늘날 커피 칵테일의 최고봉은 에스프레소 마티니다. 이 클래식 칵테일은 전 세계에서 엄청나게 팔려나가며 역대 최고의 인기를 누리고 있다. 이로 인해 에스프레소 머신을 구비한 바가 하나둘씩 늘어나면서 에스프레소 머신은 바에 없어서는 안 될 장비가 되었다. 사람들은 바텐더라면 모름지기 호불호가 거의 갈리지 않을 정도로 맛있고 독하며 달곰쌉쌀하면서도 부드러운 인기 절정의 에스프레소 마티니를 제조할 줄 알아야 한다고 생각했다. 새벽 3시에 마지막 주문을 받고 나면 커피 머신을 청소해야 했으니 바텐더 입장에서 썩 좋은 현상은 아니었다.

이제 훌륭한 커피와 술을 섞어 만드는 다양한 칵테일 레시피를 소개하겠다. 좋은 친구와 손님은 물론이고 세상 누구보다 중요한 여러분 자신에게 행복과 활기를 불어넣어 보자. 후반부에는 에스프레소 마티니가 불러온 열풍을 더 자세히 고찰하는 시간도 마련했다.

하지만 먼저 커피와 술을 섞는 일이 어떤 식으로 칵테일의 핵심 요소인 향미와 질감을 높이는지 짚고 넘어갈 필요가 있다.

향미 커피는 향미가 강하고 독특하여 호불호가 강하게 나뉘는 음료다. 커피 한 잔에는 수십 가지 향미가 녹아 있다. 흔히 카카오, 토피, 익힌 향신료와 구운 견과 향이 느껴지는 경우가 많다. 바꾸어 말하면 비슷한 향미의 다른 재료와 섞어도 무난하게 어울린다는 뜻이다. 전부 언급할 수는 없으니 몇 가지만 살펴보자. 아일랜드, 스코틀랜드, 미국 등 세계 각지에서 생산한 묵은 럼주, 테킬라, 브랜디, 아마로, 위스키, 증류주, 리큐어 정도가 커피와 잘 어울리는 술이다.

나열한 예시처럼 진한 향미의 술을 고집할 필요는 없다. 비트, 자몽,

베리, 사과, 오렌지, 패션프루트, 핵과처럼 은은한 향미가 나는 술 역시 커피와 잘 맞는다(브루잉 방식에 따라 다르겠지만).

커피는 에스프레소 마티니나 아이리시커피처럼 음료의 베이스가 되어 돋보이는 향미를 내기도 하고, 흔하지는 않지만 전체적인 균형을 잡아주기도 한다. 소량을 첨가하여 다른 재료의 향미를 끌어올리는 조연 역할을 한다. 예를 들어 올드 패션드에 커피 비터스를 한 두 대시 떨어뜨리면 미묘하게 다른 맛을 즐길 수 있다.

질감 커피는 칵테일에 향미와 향을 불어넣거나 큰 질감 변화를 유발할 수 있다. 음료에 커피를 넣으면 단순히 쓴맛이나 단맛 혹은 신맛이 강해진다고 생각하는 사람이 많다. 그러나 추출 방법에 따라 가볍거나 묵직하거나 부드럽거나 차갑거나 따뜻하거나, 뜨거운 질감을 불어넣는 일도 가능하다. 모두 커피 칵테일을 만들거나 주문할 때 생각해야 하는 요소다.

이 책을 읽고 많은 정보와 영감을 얻기 바란다. 무엇보다, 흔히 술의 왕이라고 부르는 칵테일을 조제하고 마시려는 여러분의 열정을 불태우는 데 도움이 되었으면 좋겠다.

즐거운 시간 되기를!

Drinks Geek
Jason Clark

이 책의 사용법

여기까지 읽었다면 커피와 칵테일을 만들고 마시는 일에 관심이 많은 사람이라고 생각한다. 음, 하이파이브라도 하고 시작하자! 지금부터 두 음료를 자세히 알아보면서 커피 칵테일을 제조할 때 도움이 되는 몇 가지 팁과 요령을 전수하겠다. 비터스, 리큐어, 폼 같은 유용한 재료를 만드는 방법 역시 확인할 수 있다.

키트 적절한 장비가 있으면 근사한 칵테일을 만들 때 상당히 편하다. 12~15쪽에 장비를 추천해두었다. 내가 추천한 장비를 전부 갖출 필요는 없다. 융통성을 발휘하라. 셰이커가 없으면 잼통을, 머들러가 없으면 밀방망이를 쓰면 된다. 가진 물건을 최대한 활용하자.

준비 과정은 무척 중요하다. 따라 할 레시피를 정했다면 먼저 필요한 장비와 재료를 질서 정연하게 늘어놓아라. 그러면 빠뜨린 부분이 있는지 확인하고 작업의 효율성을 높일 수 있다. 사용한 장비는 즉시 세척하고 원래 자리에 놓아야 작업 속도와 능률이 떨어지지 않는다.

커피 16~31쪽에서는 호기심 많은 독자에게 질 좋은 커피의 역사, 재배, 수확, 생산에 관한 초급에서 중급 정도 수준의 지식을 제공하여 일상에서 특별한 부분을 차지하는 커피의 진가를 알아볼 수 있도록 기획했다. 32~49쪽에서는 좋은 커피를 내리는 방법과 팁 그리고 다양한 브루잉 기법을 소개할 생각이다. 해당 부분을 통해 따로 마시거나 칵테일에 넣을 훌륭한 커피를 브루잉하는 방법을 배우기 바란다.

전문가라면 그냥 획획 넘기면서 역량을 높여줄 몇 가지 요령을 찾아 익혀라. 경험이 부족한 사람이라면 지금부터 천천히 커피 칵테일에 대해 알아보자. 열정을 자극하고 커피 칵테일을 조제하거나 주문하는 능력을 한 단계 끌어올릴 밑거름이 되어줄 것이다.

칵테일의 종류 만드는 방법에 따라 레시피를 여러 장으로 나누었다. 셰이큰, 핫, 빌트, 스터드와 쓰로운, 블렌디드로 분류했으니 특정 유형의 칵테일에 관심이 있다면 해당 부분부터 읽어도 좋다.

재료 홈메이드 재료에 관한 자세한 내용은 해당 재료가 들어가는 칵테일 레시피에서 바로 볼 수 있다. 만드는 방법이 복잡한 재료는 뒤에 따로 설명해놓았으니 언급된 쪽수를 펼치면 된다.

주의 지역마다 구하기 어려운 술이 있고, 커피는 내리는 방식과 원두에 따라 결과물이 완전히 달라진다. 따라서 레시피마다 커피와 술에 관한 주의 사항을 넣었다. 권장 사항이나 레시피에서 소개한 재료 대신 사용할 수 있는 대체품을 소개하는 부분이다.

사진 완성한 음료가 어떤 모습인지 분명하게 알 수 있도록 레시피마다 사진을 담았다. 하지만 아무 잔에나 담아도 상관없고 마무리를 다르게 해도 좋다. 바텐딩의 본질은 레시피의 개선과 혁신이다. 창의력을 발휘하라.

숙련도 모든 레시피에는 난이도 표시가 있다(아래 그림 참조). 각 장의 첫 레시피는 옛날부터 대표 격으로 자리 잡은 간단한 클래식 칵테일이다. 뒤로 갈수록 난이도가 조금씩 상승한다. 경험, 숙련도, 고급 장비 보유 여부를 따져 보고 쉬운 레시피부터 차근차근 시작해도 좋고 바로 가장 어려운 레시피에 도전해도 된다. 전 세계 독자들이 도전 정신을 유발하는 레시피를 보고 영감을 받아 집이나 바, 카페에서 재미있는 커피 칵테일을 조제하거나 주문했으면 한다. 레시피 도입부에서 다음의 숙련도 아이콘을 찾아라.

 초급
기본 장비만 있으면 되는 간단한 음료. 입문자라면 초급부터 시작한다.

 **중급**
전문적인 재료와 기술이 어느 정도 필요한 어려운 음료.

 고급
전문 장비를 갖춘 숙련된 바텐더에게 적합한 까다로운 음료.

이 책의 사용법

유용한 도구

바텐더와 바리스타는 수준 높은 음료를 만들기 위해 전문 장비를 이용한다. 시간이 흐르면서 일본 사무라이와 독일 핵물리학자가 손으로 한 땀 한 땀 만든 정교한 도구를 온라인 혹은 오프라인 주방용품 매장이나 잡화점에서 쉽게 구할 수 있게 되었다. 물론 있으면 좋겠지만, 꼭 필요하지는 않으며, 집에서 칵테일을 만들 생각이라면 장비에 집착할 필요가 없다. 약간의 임기응변 능력만 있다면 충분하므로 가지고 있는 도구를 최대한 활용해 조제한다.

여기서는 칵테일을 만들 때 사용하는 주요 장비와 쉽게 구할 수 있는 대체품을 자세하게 소개한다. 사진의 장비는 전문가라면 마땅히 공구함에 넣고 다녀야 할 도구다. 위의 장비를 구매하거나, 눈부신 자태를 구경하며 침을 흘리고픈 독자라면 www.muddle-me.com 으로 접속하라. 칵테일 제조에 필요한 모든 장비를 갖춘 곳이며, 온라인으로 주문하고 국제 배송을 받을 수 있다.

칵테일

칵테일 셰이커 대부분의 바텐더는 쓰기 편한 보스턴 셰이커를 선호한다. 코블러 셰이커나 크고 단단한 유리병을 사용해도 좋다.

지거 소량의 액체를 계량하는 필수 장비다. 바 전용 지거가 없다면 샷 글라스, 에그컵, 계량스푼으로 대체한다.

호손 스트레이너 셰이커 입구에 끼워서 빠르게 액체를 거르는 도구다. 얼음이나 과육 같은 물질을 분리할 때 사용한다. 마찬가지로 바에 없어서는 안 되는 장비다. 타공스푼으로 대신해도 좋다.

바스푼 전문가용 바스푼은 쓸모가 다양하며, 몹시 유용하다. 주로 음료를 저을 때 사용한다. 따라서 길쭉한 나선형 손잡이가 달린 제품이 가장 좋다. 없다면 숟가락이나 나무로 만든 조리스푼을 사용한다. 바스푼은 소량의 액체(5㎖)를 계량할 때도 사용하므로 5㎖ 계량스푼으로도 대체할 수 있다.

얼음 스쿱 자주 간과하는 도구다. 얼음을 셰이커나 유리병에 빠르고 깨끗하게 옮기기 위해 사용하며 음료가 더러운 손에 닿아 오염되는 일을 막는다. 단단한 커피 머그잔으로 대체해도 상관없다. 하지만 유리잔을 사용해서는 안 된다. 깨지면서 음료에 유리가 들어갈 수 있기 때문이다.

유리잔 어떤 잔을 선택하느냐에 따라 완성한 음료의 외관, 느낌, 평가가 완전히 달라진다. 당연히 고급 유리잔을 다양하게 구비해놓는 쪽이 좋다(책을 읽으면서 살펴볼 수 있다). 하지만 찬장에 있는 잔으로 과감하게 대체하는 시도도 필요하다. 내가 정말 맛있게 마셨던 음료 중에는 중고 매장에서 구매한 유리잔, 잼통, 심지어 일회용 커피잔에 담겨 있었던 것들도 있다.

윗줄 : 지거, 필러, 호손 스트레이너, 스트레이너, 체, 스트레이너.
중간줄 : (시계 방향) 작은 강판, 집게, 머들러, 스위즐 스틱, 바스푼, 나이프.
아랫줄 : 칵테일 셰이커, 믹싱 글라스, 대셔, 아토마이저, 칵테일 스틱, 얼음 스쿱.

유용한 도구

커피

전자저울 요즘은 물까지 무게를 재는 경우가 많으므로 브루잉 과정의 정확성과 일관성을 높이기 위해 반드시 갖추도록 한다.

버 그라인더 원두의 장점을 최대한 살리려면 커피를 정확한 수준으로 분쇄해야 한다. 불과 몇 년 전과 달리 오늘날에는 품질 좋은 그라인더를 부담 없는 가격에 살 수 있다. 조작이 쉽고 튼튼한 제품을 고른다.

구스넥 케틀 정밀하게 푸어링할 수 있는 고급 주전자다. 물을 특정 온도까지 가열하고 유지하는 전자 제어 장치가 있다.

스테인리스 스틸 밀크 저그 우유에 공기를 주입하거나 우유를 데우고 따르는 작업을 정확하게 수행하는 데 최적화된 장비다.

토디 콜드브루 호퍼 나는 토디 콜드브루 시스템(41쪽 참조)을 좋아한다. 일정하고 고급스러운 맛을 내는 커피를 대량으로 간편하게 내리고 2~3주 동안 보관할 수 있다.

그 외의 유용한 도구들

- 앞치마
- 아토마이저
- 비터스 대셔
- 도마
- 계피통
- 종이 필터
- 줄렙 스트레이너
- 계량컵
- 계량스푼
- 소형 스파이스 그레이터
- 믹싱 글라스
- 화필(지저분하게 떨어진 커피 가루를 청소할 때 사용)
- 제스트를 만들 때 사용할 필러
- 예리한 나이프
- 작은 바스켓 스트레이너
- 거름망
- 머들러 혹은 밀방망이
- 행주
- 주방 집게
- 진공팩

위쪽 : 가정용 고급 전기 버 그라인더.

윗줄 : 케멕스, 플라스틱 계량컵, 스토브탑 모카 포트, 계량스푼, 드립 브루 장비.
중간줄 : 쿠퍼 케틀, 종이 필터.
아랫줄 : 프렌치 프레스(카페티에르), 버 그라인더, 원두 가루 담는 병, 전자저울.

커피의 역사

커피와 인간의 흥미로운 공생기.

한 에티오피아 염소치기가 빨간 열매만 먹으면 힘이 넘치는 염소를 보고 그 열매를 수도원으로 가져간다. 수도승들은 열매를 씹으면 늦게까지 깨어 있으면서 많은 일을 할 수 있다는 사실을 깨닫는다.

이란 의사 이븐 시나가 커피의 약효를 "소화계와 혈관계에 도움을 준다"고 묘사한다.

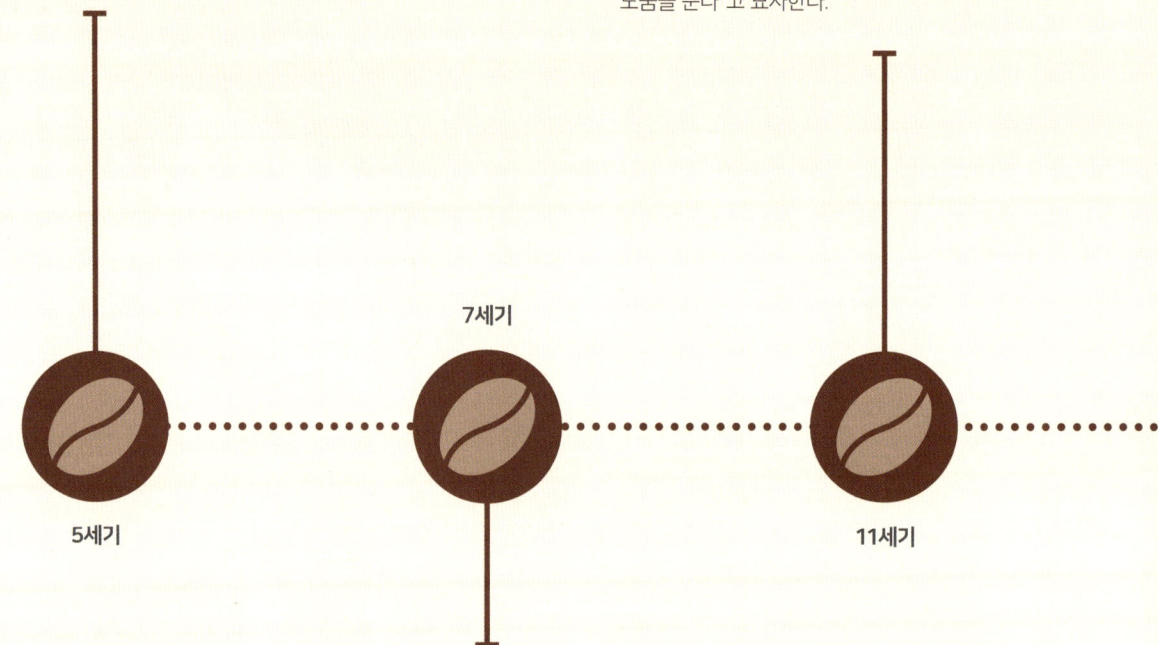

5세기　　　　**7세기**　　　　**11세기**

이슬람 순례자들이 커피 열매를 예멘으로 가져간다. 사람들은 커피를 볶아서 추출한 차를 마시면 힘이 난다는 사실을 발견하고 카와라는 이름의 산에서 커피나무를 재배하기 시작한다. 카와는 아랍어로 커피를 뜻한다.

- 중동에서 커피를 접한 유럽 여행자들이 고향으로 가져가면서 커피가 유럽으로 퍼진다.
- **1647** : 베네치아 최초의 커피하우스, 보테가 카페가 문을 연다.
- **1650** : 잉글랜드 최초의 커피하우스, 페니 유니버시티가 옥스퍼드에서 영업을 개시한다.
- **1652** : 런던 최초의 커피하우스, 버지니아 커피하우스가 개업한다.
- **1673** : 독일 최초의 커피하우스, 슈우팅이 영업을 시작한다.
- **1675** : 찰스 2세가 사람들이 커피하우스에 모여 반역을 공모한다고 생각하여 커피하우스를 금지한다.
- **1677** : 함부르크에 첫 커피하우스가 생긴다.
- **1683** : 빈에 첫 커피하우스가 문을 연다. 이곳에서 멜란지 커피가 탄생한다.
- **1685** : 네덜란드가 식민지에서 커피 재배를 시작한다.
- **1688** : 런던에 에드워드 로이즈라는 커피하우스가 생긴다(오른쪽 사진 참조). 이후 이 매장은 세계적인 규모의 보험 회사로 탈바꿈한다.
- **1689** : 파리 최초의 커피하우스, 카페 르 프로코프가 영업을 개시한다.
- **1696** : 뉴욕 최초의 커피하우스, 더 킹스 암스가 개업한다.

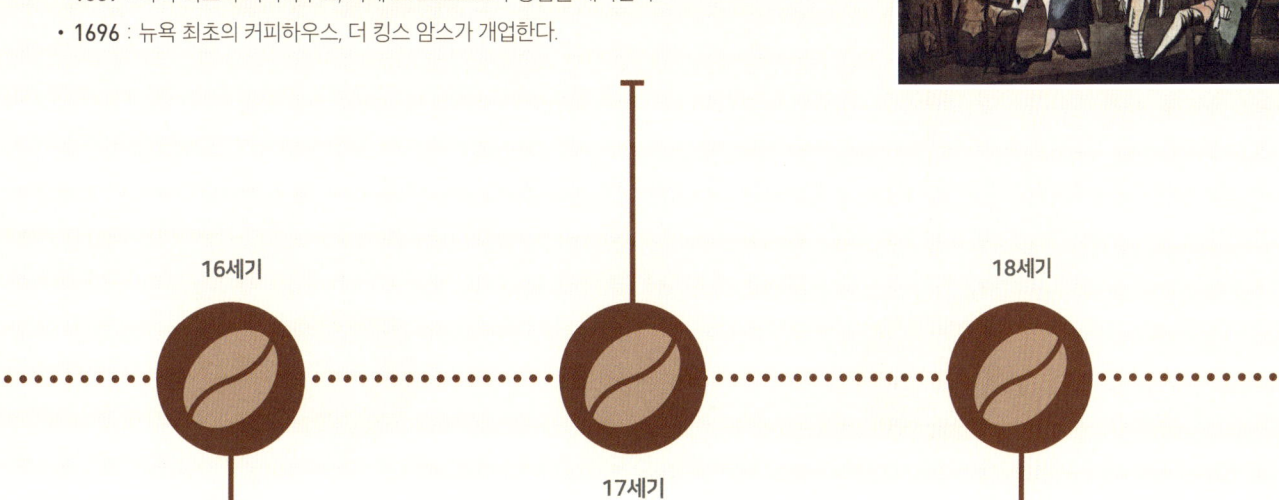

16세기

17세기

18세기

- 커피를 마시는 문화가 아라비아반도, 이집트, 터키, 북아프리카 등 이슬람권에 퍼진다.
- 1554년 터키에서 키바 한이라는 세계 최초의 커피하우스가 문을 연다. 이후 커피하우스는 '현자의 학교'로 칭해진다.
- 터키가 그리스에 커피를 수출한다. 당시 터키에서 사용한 커피 추출법은 오늘날에도 쓰고 있다.

- **1714** : 암스테르담 시장이 프랑스 왕 루이 14세에게 커피를 선물한다.
- **1720** : 포르투갈인이 커피를 브라질로 가져간다.
- **1723** : 네덜란드 해군 장교가 카리브해로 커피 모종을 가져가서 마르티니크에 심는다.
- **1750** : 로마 최초의 커피하우스가 영업을 시작한다.
- **1773** : 보스턴 차 사건이 발발한다. 미국에서 커피가 차를 제치고 가장 인기 있는 음료가 된다.
- **1777** : 선교사가 중남미에 커피를 전파한다.

커피의 역사

커피와 인간의 흥미로운 공생기.

- **1818** : 프랑스 파리에서 로렌스가 최초의 커피 머신, 퍼컬레이터를 개발한다.
- **1822** : 프랑스인 루이 베르나르 라보가 최초의 에스프레소 머신을 만든다.
- 루트비히 판 베토벤은 정확히 60개의 커피콩으로 커피를 브루잉해 마셨다고 한다.
- **1875** : 스페인인이 커피나무를 과테말라로 가져가서 경작한다.
- **1888** : 빈센트 반 고흐가 커피를 주제로 한 그림인 <밤의 카페 테라스>를 그린다.

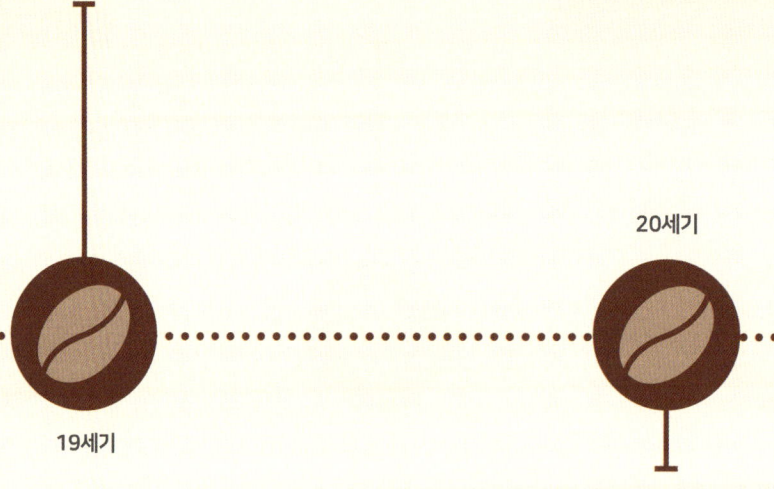

19세기

20세기

- **1901** : 일본 약사 사토리 가토가 최초의 인스턴트커피를 발명한다.
- **1903** : 독일 상인 루트비히 로젤리우스가 디카페인 커피를 개발한다.
- **1908** : 독일 주부 멜리타 벤츠가 필터 커피를 고안한다.
- **1936** : 오늘날 세계에서 가장 많이 팔리는 커피 리큐어, 칼루아가 멕시코에서 출시된다.
- **1938** : 네슬레가 미국에서 군납용으로 최초의 동결건조 커피를 만든다.
- **1946** : 아킬레스 가찌아가 고압으로 커피를 내리는 최초의 완성형 에스프레소 머신을 발명한다.
- **1960** : 페마가 최초의 펌프식 에스프레소 머신을 개발한다.
- **1971** : 워싱턴 시애틀에 최초의 스타벅스가 문을 연다.
- **1982** : 미국에서 스페셜티커피협회(SCA)가 출범한다.
- **1988** : 잉글랜드 런던에서 딕 브래드셀이 보드카 에스프레소(에스프레소 마티니)를 내놓는다.
- **1988** : 멕시코의 공정무역커피가 네덜란드에 상륙한다.

- 전 세계 하루 커피 소비량이 16억 잔을 돌파한다.
- 커피로 생계를 꾸리는 사람이 1억 2,500만 명을 넘는다.
- 북미의 음수용 수돗물 3분의 1이 커피를 내리는 데 들어간다.
- **2010** : 스타벅스가 매출 107억 달러를 넘기면서 세계 최고의 커피 소매점으로 거듭난다.
- **2016** : 11월 기준으로 스타벅스가 2만 3,768번째 매장을 낸다.
- 1억 5,000만 명 이상의 미국인이 매일 4억 잔의 커피를 마시면서(매년 1,400억 잔 이상) 미국이 세계 최대의 커피 소비국이 된다.

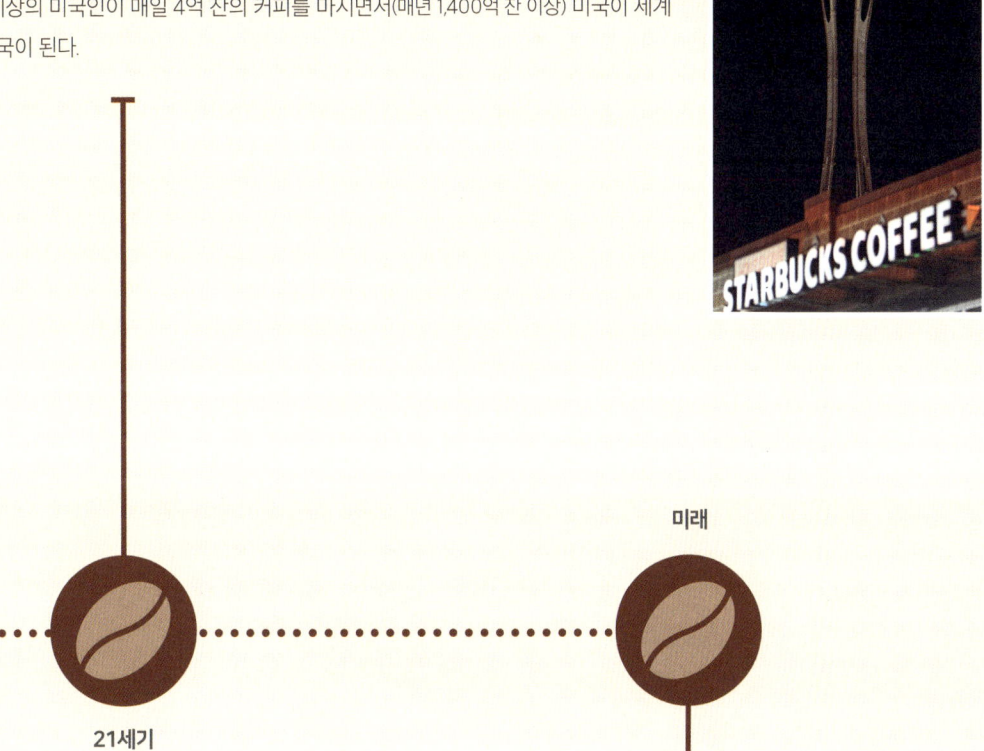

21세기

미래

 1억 2,500만 명이 커피로 생계를 꾸린다.

 매일 전 세계에서 커피 22억 5,000만 잔을 마신다.

커피의 미래는 어떨까? 커피의 역사는 엄청나게 파란만장하며 지난 10년간 커피 문화는 급속도로 성장했다. 커피의 질과 평가 기준은 하늘 무서운 줄 모르고 치솟았고 커피 문화는 정점을 찍었다. 10년, 20년, 50년, 100년 뒤 커피의 위치가 어디일지 도저히 짐작할 수 없을 정도다. 요즘 지구온난화, 꿀벌 멸종, 질병과 같은 요소가 커피를 위협하고 있다는 점에서 커피의 존속을 우려하는 목소리가 크다. 잠시 눈을 감고 커피가 살아남아 우리의 후손이 오랫동안 커피를 즐길 수 있기를 빌어보자. 나는 더 많은 사람이 커피에 관심을 가지고 커피의 진가를 알아보기를 바란다. 품질에 대한 기준이 올라가고, 생산 방식이 지속 가능하고 자연에 피해를 주지 않는 방향으로 발전하며, 커피 농부는 공정한 임금을 받지만, 커피의 가격은 모든 사람이 편하게 즐길 수 있는 수준에 머무르게 하기 위해서다.

경이로운 커피의 세계

커피는 아주 깊고 흥미로운 주제다. 역사, 과학, 인문의 관점에서 재미있는 이야기가 많기 때문이다. 하지만 커피라는 음료를 차근차근 알아가려는 사람이라면 번지수를 잘못 찾았다. 이 책은 시중의 흔한 커피 책이나 백과사전과는 거리가 멀다. 여기서는 커피와 술을 섞어 만들 수 있는 수많은 음료에 초점을 맞춘다.

이 사실에 개의치 않는다면, 본격적으로 칵테일을 섞기 전에 훌륭한 커피를 결정하는 요소를 정확하게 이해하고 넘어가도록 하자. 앞으로 수준 높은 음료를 제조할 때 필요한 최적의 커피를 선택하고 추출할 때 도움이 될 것이다. 원자재의 품질은 내린 커피의 완성도에 엄청난 영향을 미친다. 생두를 재배, 가공, 저장, 로스팅하는 과정에 문제가 있다면 에스프레소 머신 앞에서 날고 기어도 흠잡을 데 없이 오묘하고 균형 잡힌 커피를 뽑아낼 수 없다. 간단히 말해, 똥은 분칠해도 똥이라는 뜻이다!

커피는 석유에 이어 세계에서 두 번째로 거래량이 많은 무역 상품이다. 산업 규모가 원체 크므로, 당연히 구할 수 있는 커피의 수준도 가지각색이다. 슈퍼마켓이나 주류 판매점 선반에 있는 증류주와 와인 제품의 질이 제각각인 것과 같다. 1982년, 수준이 낮고, 평범하고, 높고, 월등히 높은 커피의 차이를 확실히 나누기 위해 미국 스페셜티커피협회가 출범했고 모든 커피를 정확히 두 가지로 분류했다.

코모디티 커피 코모디티 커피에 들어가는 생두는 각별한 주의를 기울이면서 꼼꼼하게 작업하기보다는 많은 양을 최대한 저렴하게 생산하는 데 치중한다. 대형 브랜드나 프랜차이즈 카페에서 주로 사용하며 결함을 감추기 위해 강하게 로스팅하는 경우가 많다. 따라서 거슬리는 향미를 감추기 위해 설탕과 우유를 엄청나게 퍼부어야 한다.

이제 우리가 수준 높은 음료를 만들기 위해 알아야 할 커피를 살펴볼 차례다. 바로 스페셜티 커피다.

반대쪽 : 수확할 때가 된 커피 체리. 익지 않은 열매는 나무에 그대로 두어야 한다.
위쪽 : 막 따서 가공 단계로 보낼 준비를 마친 커피 체리.

스페셜티 커피 엄격한 조건에서 재배하며 스페셜티커피협회의 테이스팅 평가에서 80점 이상을 받은 커피다.

고급 카페와 로스터리에서 사용하며 보통 라벨이 붙어 있어서 언제, 어디서, 어떻게 생산한 커피인지 자세히 알 수 있다.

커피란 무엇인가

우리가 사랑하는 커피의 재료는 커피나무에서 열린다. 커피나무는 습한 열대기후에서 잘 자라는데, 주요 생산지는 소위 커피벨트라고 하는 남위 30도에서 북위 30도 사이 지역의 해발 1,000~2,000m 지대에 자리 잡고 있다.

커피벨트에 들어가는 나라는 꽤 많으므로 주요 생산국만 언급하겠다.

라틴 아메리카 멕시코, 과테말라, 엘살바도르, 코스타리카, 쿠바, 온두라스, 니카라과, 파나마, 콜롬비아, 브라질, 페루, 자메이카

아프리카/아라비아 코트디부아르, 에티오피아, 케냐, 우간다, 르완다, 부룬디, 탄자니아, 예멘

아시아 태평양 인도, 베트남, 인도네시아, 파푸아뉴기니

커피가 두 가지 아종으로 나뉜다는 사실을 알면 놀랄지도 모르겠다. 보통 아라비카와 로부스타라는 이름으로 부른다. 아라비카와 로부스타의 하위 품종을 합치면 30가지가 넘으며, 농부와 로스터는 각자의 목적에 따라 종류를 선택한다. 버번이나 티피카 정도가 흔하게 볼 수 있는 종이다.

아라비카 고급 커피다. 약하고 기르기 까다롭다. 향미와 향이 풍부하고 복합적이다.

로부스타 튼튼하고 기온과 바람의 영향을 적게 받는다. 아라비카와 비교했을 때 해발 고도가 더 높거나 낮은 지대에서도 재배할 수 있다. 카페인 함량이 높고 크레마가 풍성하다. 하지만 쓴맛과 질감이 강하고 향미의 복합성이 덜한 탓에 아라비카보다 품질이 떨어진다. 보통 즉석커피나 다른 원두와 섞어 대량의 커피를 저렴하게 만들 때 사용한다.

우리가 아는 커피콩은 흔히 체리라고 부르는 커피나무 열매의 씨앗이다. 열린 지 얼마 안 되었을 때는 초록색을 띠며 익고 나면 대부분 진홍색으로 변한다. 보통 매년 수확하지만, 일 년에 두 번 수확하는 곳도 있으며 이는 농장의 그늘 수준에 따라 달라진다. 커피 체리는 완전히 익었을 때 따야 한다. 농부 입장에서는 까다로운 부분인데, 열매 다발마다 익는 속도가 다르며 수확물에 덜 익은 열매가 섞

오른쪽 : 온전한 커피 체리와 반으로 쪼개서 씨앗을 빼낸 커피 체리. 대부분은 생두라고 하는 씨앗이 2개 들어 있지만, 가끔 하나만 있는 경우도 있다.

이면 완성품의 품질이 달라지기 때문이다. 열매를 따서 모으고 나면, 농부는 다음 세 과정 중 하나를 통해 열매에서 그토록 원하던 씨앗을 분리한다.

내추럴 프로세스 혹은 드라이 프로세스　수확한 커피 체리를 볕이 드는 곳에 펼쳐서 말린다. 기계로 과육을 벗기기 전에 수분을 빼내어 쪼글쪼글하게 만드는 과정이다. 이렇게 생산한 커피는 대부분 질감이 강하고 단맛이 진하다. 흔히 '열대 과일 향'이 난다고 묘사하는 커피가 내추럴 프로세스에서 탄생한다.

워시드 프로세스　기계와 물로 과육을 벗겨내어 씨앗을 분리하는 현대적인 방법이다. 대개 시트러스 향이 나며 내추럴 프로세스를 거친 커피보다 신맛이 강하고 질감이 가볍다.

허니 프로세스　두 방식을 섞은 형태다. 워시드 프로세스로 과육을 분리하고(디펄핑) 점액이 남은 상태의 커피콩을 햇빛에 말린다. 농부 입장에서는 결과물을 입맛대로 만들기 쉽다.

왼쪽 위 : 내추럴 프로세스에서는 커피 체리를 바닥에 펼쳐서 말린다. 과육을 벗기고 씨앗을 빼내기 위한 첫 번째 단계다.
오른쪽 위 : 한 농부가 골고루 마르도록 볕에 커피 씨앗을 펼치고 있다.

허니 프로세스는 건조 시간에 따라 블랙, 레드, 옐로 허니 등으로 종류가 나뉜다. 블랙 허니는 내추럴 프로세스, 옐로는 워시드 프로세스의 결과물과 비슷하고, 레드는 둘의 중간 정도다.

허니 프로세스를 거쳐 만든 커피는 보통 향미가 풍부하며 단맛이 강하다. 또한 산미가 분명하고 균형이 좋다.

전문가나 알 법한 내용이라고 생각할지도 모르겠다. 하지만 세 가지 처리 과정은 원산지보다 커피의 특성에 많은 영향을 끼치는 요소이므로 반드시 알아두어야 한다.

대부분의 스페셜티 커피 로스터는 판매하는 커피 포장지에 어떤 공정을 거쳤는지 표기한다.

로스터리

커피 체리를 수확하고 선별하고 말리고 숙성하는 과정을 거치고 나면, 농부는 생두를 포장지에 담아 로스터에게 판매할 준비를 시작한다. 많은 로스터가 농부와 친밀한 관계를 유지하면서 자신의 기준, 브랜드, 고객 등 다양한 요소를 고려하여 생두를 구매한다. 원두의 특성, 품질, 가격과 함께 윤리적 요소까지 생각하는 구매자도 꽤 있다.

생산지에서 막 받은 생두는 이렇다 할 맛이 없다. 여기에 뜨거운 물을 들이부어서 우리면 흔히 마시는 커피와는 전혀 다른 음료가 탄생하고 만다. 우리가 좋아하는 향미를 내려면 로스터리로 보내서 작은 갈색 알갱이로 만들어야 한다.

생산지가 같으면 커피의 종류가 달라도 향미가 비슷하다고 생각하는 사람이 많다. 하지만 맛이 완전히 다른 경우도 분명 존재한다. 따라서 로스터는 생두를 구매할 때마다 수많은 시험과 시음으로 특성을 파악한 다음, 이에 맞게 로스팅과 블렌딩 작업을 거쳐 완성품을 만들고 포장하여 판매한다.

로스터가 내려야 할 여러 결단 중 하나는 생산지가 같은 생두끼리 따로 모아서 볶느냐 아니면 여러 곳에서 생산한 생두를 함께 볶느냐 하는 것이다.

반대쪽 : 생산지에서 로스터리로 보낼 생두를 수레에 싣고 있다.
왼쪽 위 : 다양한 원산지의 커피.
오른쪽 위 : 로스터로 들어가는 생두.

싱글 오리진 고유의 특색과 테루아를 살리기 위해 대개 같은 농장에서 생산한 원두끼리 로스팅해서 포장한 제품이다. 와인처럼 복잡한 향미와 특징을 즐길 수 있다. 전문 카페는 보통 각자가 추구하는 향미에 가까운 싱글 오리진 원두를 선택하여 콜드브루(40쪽 참조)나 푸어 오버(46쪽 참조)와 같은 섬세한 방식을 통해 추출한다.

블렌디드 오리진 블렌디드 커피는 보통 상업 용도로 사용하는데, 특히 에스프레소를 추출할 때 대부분 블렌디드 원두를 쓴다. 다양한 나라와 농장에서 가져온 여러 가지 커피콩을 섞으므로 향이 강하다. 따라서 약간 더 뜨겁게 추출하거나 다소 서투르게 브루잉해도 괜찮다. 아예 다른 원두를 블렌딩하는 경우도 있다. 예를 들어 카페인 함량을 높이고 크레마가 풍부한 커피를 내리기 위해 아라비카에 로부스타를 조금 섞기도 한다는 말이다.

커피의 향미는 원두의 생산지와 블렌딩 방식에 따라 천차만별로 변하지만, 로스팅을 어떻게 하느냐에 따라서도 완성품의 가치가 크게 달라진다. 따라서 원하는 결과를 내려면 원두를 어떤 수준으로 로스팅해야 하는지 연구해야 한다.

로스터는 보통 수십 가지 테스트를 진행한다. 대개 '커핑(다양한 커피를 맛보는 방법)' 작업으로 시작하며 다양한 수준으로 로스팅하면서 문제의 싱글 오리진이나 블렌디드 원두를 어떻게 처리해야 가장 좋은 결과를 얻을 수 있을지 살펴본다.

로스트

로스터(기계)는 간단히 말해 회전통이 달린 거대 오븐이다. 원두에 균일한 열을 가하여 수분을 날리고 아미노산, 지방, 설탕을 캐러멜화하여 사람들이 좋아하는 향미를 내는 용도로 사용한다.

기계에 들어간 원두가 어두운색으로 변하는 모습을 지켜보면서 최고의 향미를 낼 때까지 가열하는 사람도 '로스터'라고 한다. 로스팅은 단 10초 차이로 성공과 실패가 갈리는 작업이다.

로스팅 머신은 크기와 종류가 다양하다. 드럼식 로스터는 스페셜티 커피 로스터로 가장 많이 사용한다. 수동으로 작동하는 기능이 많으며 정확히 원하는 수준에서 가열을 멈출 수 있도록 오랜 시간에 걸쳐 천천히 열을 가한다. 반면 상업용 대형 머신은 완성품의 가격을 내리는 것이 주목적이므로, 대량의 원두를 강하고 빠르게 볶는다.

원두의 종류가 달라지면 원두 고유의 특성이나 내리는 향미에 따라 로스팅 방식이 완전히 바뀐다. 로스팅이 끝나면 원두 안의 이산화탄소를 빼내는 레스팅 과정을 거친 다음, 신선하게 보관하기 위해 밀봉 포장한다.

신선도를 지키려면 정확한 방법에 따라 보관해야 한다. 대다수의 원두를 포장할 때 사용하는 밀봉 봉투는 밸브가 달린 형태인데, 이산화탄소를 내보내고 산소의 침입을 막아 보관 기간을 늘리는 효과가 있다. 개봉하여 산소에 노출된 원두는 빠르게 산화하므로 며칠 내로 전부 사용하는 편이 좋다. 뜯은 뒤에 다시 밀봉할 수 있는 봉투라면 봉투에 그대로 담아 보관한다. 그렇지 않으면 밀폐 용기에 넣거나 진공포장기로 산소를 제거하여 보관한다. 서늘하고 건조하며 어두운 곳에 두면 된다(냉장고 제외).

분쇄한 커피는 더 잘 상하므로 빨리 사용하는 것이 좋다.

> **왼쪽 아래** : 매장용 로스터가 탄생하기 전에는 직접 수제로 원두를 로스팅했다. 난이도가 높은 기술이며, 원하는 맛을 정확하고 일관성 있게 내기 어렵다.
> **오른쪽 아래** : 로스팅이 끝나면 원두가 열에 반응하지 않도록 돌리면서 식힌다.

로스팅한 원두는 색에 따라 네 단계로 구분한다. 라이트, 미디움, 미디움 다크, 다크다. 로스팅 강도에 따라 잔에 담긴 커피의 특성이 달라진다. 가볍게 로스팅할수록 산미가 강하고 질감이 약하다. 반면 강하게 로스팅할수록 산미가 약하고 질감이 강하며 카페인 함량이 낮다.

라이트 로스트　(라이트 시티, 하프 시티, 시나몬) 밝은 황갈색이다. 부드러운 향을 내는 원두와 브루잉에 어울린다. 안에서 기름이 배어 나올 정도로 오래 로스팅하지 않으므로 표면이 몹시 건조하다.

왼쪽 : 로스팅 단계는 라이트에서 다크로 구분한다.
오른쪽 위 : 왼쪽부터 순서대로 생두 라이트 로스트, 미디움 로스트, 미디움 다크 로스트, 다크 로스트.

미디움 로스트　(시티, 아메리칸, 블랙퍼스트) 밀크 초콜릿색이다. 표면이 건조하고 향미가 진하다. 푸어 오버 커피에 어울린다. 미국에서 인기가 많으므로 흔히 아메리칸 로스트라고 부른다.

미디움 다크 로스트　(풀 시티) 다크 초콜릿색이다. 표면에 기름이 얕게 끼어 있으며 뒷맛이 달곰쌉쌀하다. 바리스타들이 에스프레소를 내릴 때 많이 사용한다.

다크 로스트　(하이, 콘티넨털, 뉴올리언스, 유로피언, 에스프레소, 비에니즈, 이탈리안, 프렌치) 표면에 기름이 많아 윤기가 흐르며 진한 다크 초콜릿색을 띤다. 범위가 다소 넓은데, 약간 어두운색부터 완전히 탄 듯한 색까지 모두 다크 로스트라고 한다. 유럽에서는 먼 옛날부터 다크 로스트로 에스프레소를 내렸다.

여기서 더 나누는 것은 로스터의 마음이다. 따라서 특정 제품이 정확히 어떤 로스트에 속하는지 궁금하다면 판매하는 로스터에게 묻도록 한다.

커피 선별

바텐더는 대부분 소속된 매장과 계약한 업체에서 물건을 받으므로 직접 커피를 고를 일이 거의 없다. 매장에 있는 커피를 최대한 활용하거나 커피를 보는 눈을 키우는 쪽으로 방향을 잡아야 제조하는 음료에 잘 어울리는 고급 커피를 뽑아낼 수 있다. 나는 후자를 추천한다.

반면 집에서는 원하는 커피를 마음 가는 대로 브루잉할 수 있다.

질 좋은 원두를 찾아 구매하는 일은 처음에는 다소 까다롭다. 읽기 어려운 라벨로 가득한 프랑스 와인 저장고에 들어가는 상황과 비슷하다. 하지만 친절한 로스터나 바리스타의 도움을 받으면 재미있게 즐기면서 배울 수 있다.

조력자와 함께라면 다양한 원산지에서 생산한 개성 있는 원두를 살펴보고 취향에 맞게 고를 수 있다. 하지만 계절에 따라 수확하는 커피가 달라지므로 같은 향미를 사시사철 즐기기 어렵다는 사실은 명심해야 한다. 좋게 생각하면 여러분의 미각을 시험할 기회가 무궁무진하다는 뜻이기도 하다.

커피를 고를 때 고려해야 하는 핵심 요소는 총 일곱 가지다.

100% 아라비카 필수다. 유명 브랜드에서 생산하는 제품은 95% 이상이 100% 아라비카다.

로스팅 단계 26~27쪽에서 설명했다. 커피의 산미, 질감, 복합미에 큰 영향을 미치는 요소다. 사용하려는 추출 방식에 맞는 로스트를 선택하라(34~49쪽 참조). 대부분 브랜드는 로스팅 단계를 에스프레소 혹은 필터로 표시한다. 에스프레소는 강하게 로스팅하여 질감이 강하고 필터는 과일 향, 신맛, 단맛이 나므로 부드러운 브루잉 방식에 어울린다. 바리스타에게 물으면 로스팅 강도에 관한 자세한 내용을 들을 수 있다.

원산지 원두의 특성을 짐작할 수 있다. 하지만 생산지가 같아도 농장마다 원두의 특성이 크게 달라지기도 한다는 사실을 간과하지 마라.

고도 고지대에서 재배한 커피는 보통 원두의 밀도가 높고 과일 향과 산미가 강하며 복합미가 좋다. 반면 저지대에서 난 커피는 질감이 단단하고 풍미가 묵직하다.

프로세스 커피는 처리 방식(드라이, 워시드, 허니, 23쪽 참조)에 따라 향미와 특색이 크게 달라진다.

버라이어탈 커피의 특성을 결정하는 중요한 부분이다. 어지간히 커피를 좋아하는 사람이 아닌 이상에야 30가지가 넘는 버라이어탈을 전부 알 수는 없다. 먼저 취향에 맞는 품종을 몇 개 찾은 다음, 이를 기반으로 다른 종류를 공부하는 식으로 진행한다.

시음 기록 가장 중요하다. 좋다고 생각하는 커피의 향미를 기록하라. 수마트라의 고지대에 있는 유기농 농장에서 생산한 원두로 내린 커피라도 말똥 맛이 나면 아무도 거들떠보지 않는다.

내 경험에 근거하여 레시피마다 어울리는 커피를 추천해놓았다. 그러나 꼭 레시피대로 따라 하지 않아도 좋다. 사용할 수 있는 커피로 유동적으로 대체하면서, 제조하려는 음료에 어울리는 향미와 특색의 커피를 찾아내는 실력을 키우도록 노력하라.

커피의 향미

커피가 커피 맛이지. 안 그런가? 음, 그래도 향미를 구성하는 요소를 깊게 파고들 때는 화학 성분을 분석하는 수준까지 들어간다. 간단하게 설명하자면, 로스팅한 커피는 산, 당, 지방, 전분과 같은 여러 가지 성분으로 가득하며 다양한 성분이 하나로 어울리면서 특유의 커피 맛을 낸다.

이러한 성분을 우려내려면 물, 온도, 시간이 필요하며 방식에 따라 커피에 남는 향미와 향(과일, 꽃, 초콜릿 등)의 수준이 달라진다. 예를 들어 프렌치 프레스로 커피를 내릴 때는 온도가 높고 추출 시간이 길수록 쓴맛이 강하며, 온도가 낮고 추출 시간이 짧을수록 부드럽고 단맛이 강하다.

냄새 커피도 와인이나 위스키처럼 향미의 구성 요소를 세분화할 수 있다. 내가 커피를 마시는 과정은 다음과 같다. 먼저 코를 타고 들어온 향이 뇌에 신호를 보낸다. 구운 향, 그을린 향, 견과 향, 캐러멜 향을 맡으면서 "음… 커피 냄새"라고 혼잣말을 내뱉는다. 냄새를 맡으며 커피와 관련된 행복한 기억을 떠올린다. 얼굴에 미소가 떠오르며 빨리 한 모금 마시고 싶다는 욕망에 휩싸인다.

질감 커피가 입에 닿으면 한바탕 소란이 벌어진다. 커피의 달콤한 향기가 입 안에서 들어오는 감각에 밀리기 때문이다. 한 모금을 입에 머금으면 짜릿한 신맛, 격한 쓴맛, 묘한 단맛이 느껴진다. 이러한 맛은 서로 조화롭게 어울리기도, 금요일 밤 케밥 가게 앞에서 몸싸움을 벌이는 취객처럼 반목하기도 한다. 첫 모금을 넘기고 숨을 들이마시면, 이제 후각 수용기(입천장부터 코 안쪽까지)를 통해 두 번째 향이 나타난다. 사과, 시트러스, 핵과, 베리, 꽃, 채소, 허브, 연기 향이 날 수 있다. 열대 지방의 산비탈에 솟아오른 나무 꼭대기에 열린 커피 열매가 농부, 열매를 말린 농장 일꾼, 로스터, 바리스타를 거쳐 컵에 담기기까지, 커피의 일생을 속속들이 느끼는 과정이다. 우리는 유전자와 경험에 따라 음식, 음료, 삶을 나름의 방식으로 맛본다. 이 과정에서 누리는 것을 더 자세히 이해하고 더 깊게 즐기기를 원하면 체계를 세워 관찰하고 평가하기도 한다. 모르고 즐기는 것이 마음 편한 사람도 있으며, 반드시 깊게 파헤쳐야 한다는 말은 아니다.

다음은 관련성을 이해하기 쉽도록 향미의 종류를 분석한 플레이버 휠이다. 미각과 뇌를 훈련하여 향미를 구분하고 평가하는 실력을 높이는 용도로 활용하라. 표를 보자. 커피에서 맥아와 견과 향이 느껴진다면 캐러멜, 초콜릿, 건열로 인한 향도 어딘가에 숨어 있다고 추측할 수 있다. 한 모금 머금었을 때 질감이 매캐한 커피라면 강한 신맛도 함께 나타날 것이다. 바로 옆에 있는 향미는 보통 짝을 이루어 나타난다(반드시 그렇다는 말은 아니다). 커피 한 잔에는 수없이 많은 향미가 있으므로 맥아와 견과 향이 나는 커피에서 연기나 재 향이 나는 연기 계열 향미를 동시에 느낄 수도 있다.

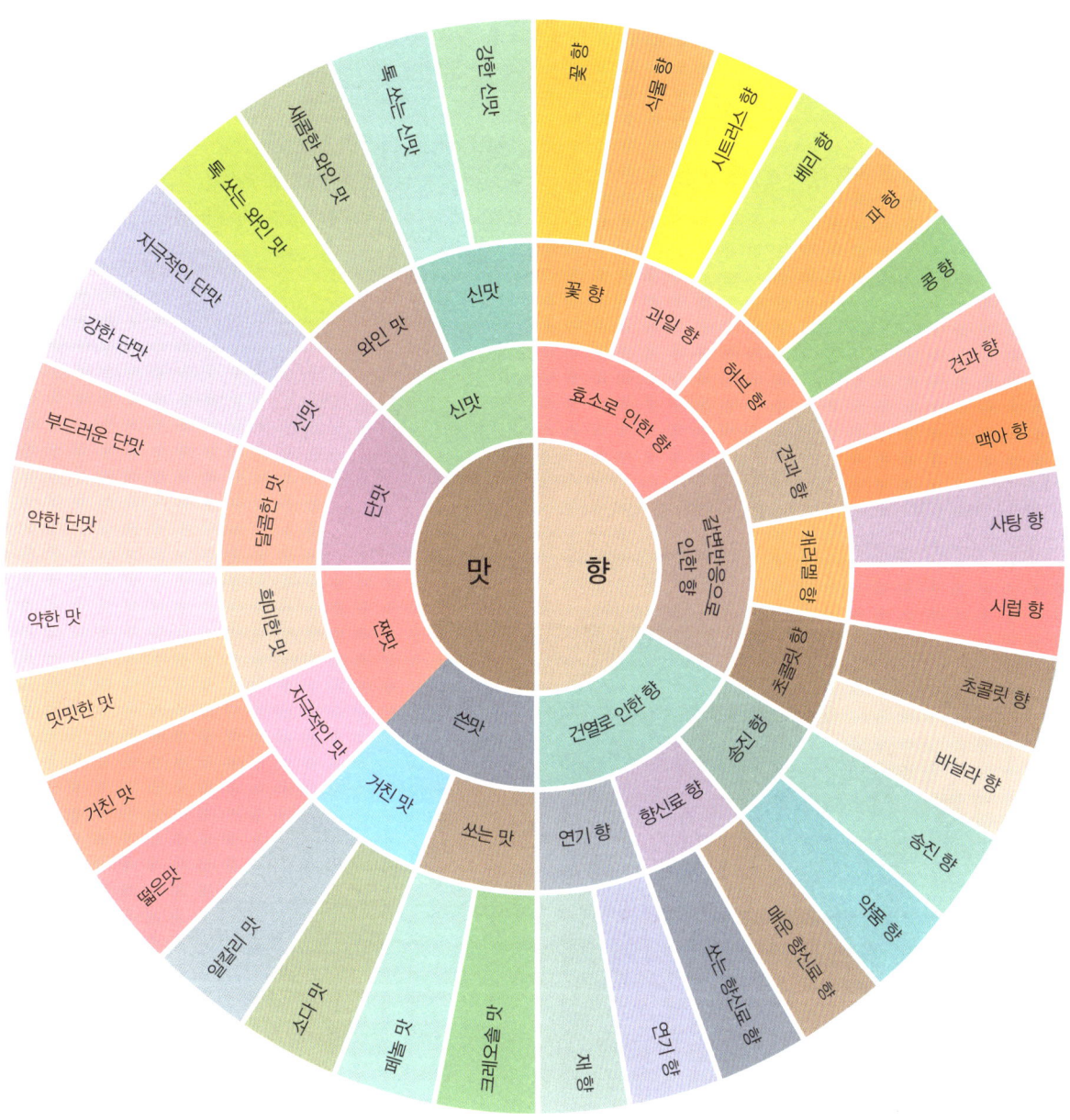

위쪽: 그림은 기본 요소만 넣은 플레이버 휠이다. 1995년 미국 스페셜티커피협회는 종합 플레이버 휠을 만들었는데, 2016년 세계커피연구센터가 출범하면서 갱신되었다. 업계 전문가를 위해 커피의 향미를 파헤치는 최고 규모의 협동 연구를 진행하여 커피 향미를 더 깊게 분석하고 파헤쳐서 더 많은 단어로 자세히 표현했다. https://store.sca.coffee/collections/tools/posters 에서 플레이버 휠을 볼 수 있다.

칵테일에 들어갈 커피 브루잉하기

지금까지 커피의 개요와 생산 과정 그리고 우리에게 주어진 몇 가지 선택지에 관하여 알아보았다. 완제품을 구매해서 사용하거나 여건에 따라 직접 내릴 커피는 칵테일의 특성을 결정하는 중요한 요소다. 사실, 커피의 브루잉 방법보다는 원산지, 품종, 처리 과정, 로스팅, 신선도가 칵테일의 품질을 좌우한다. 그래도 브루잉과 추출 방법을 올바르게 선택하고 기술을 완벽에 가까울 정도로 구사하면 음료의 질을 끌어올릴 수 있다. 여기서는 이와 관련하여 따라 할 수 있는 팁을 소개하겠다.

브루잉 방식마다 커피에서 일어나는 화학 반응이 다르며, 이 과정에서 해당 방식 특유의 향미, 향, 질감, 신맛, 쓴맛이 탄생한다.

선택지는 다양하다. 손에 익은 에스프레소 머신도 괜찮고 유서 깊은 터키식 커피 머신이나 에어로프레스 혹은 핸드프레소와 같은 현대 문물을 사용해도 좋다. 집이나 바에서 칵테일을 만들면서 여러 가지 브루잉 방식에 도전하고 음료에 잘 어울리는 커피를 찾아보기 바란다.

칵테일에 들어갈 커피를 내리는 데는 여러 방법이 있지만, 내가 추천하는 추출법은 두 가지다.

에스프레소 바에 어울리는 선택지다. 여러 가지 레시피에 들어가는 맛있고 향이 강한 커피를 얻을 수 있다. 다른 방식보다 추출에 걸리는 시간도 짧다(물론 단점도 있다). 네스프레소 제품 같은 파드 커피 머신 역시 에스프레소 머신에 속한다. 정통 에스프레소 머신처럼 다목적으로 활용할 수는 없지만, 크기가 작고 빠르며 일관성 있는 맛을 내는 등 다양한 장점이 있다. 36~39쪽에 에스프레소 머신으로 좋은 결과물을 만드는 방법을 소개했다.

콜드브루 에스프레소는 오래전부터 커피 칵테일에 들어가는 커피로서 많은 사랑을 받았다. 하지만 언젠가는 반드시 바텐더와 홈 브루어들이 에스프레소에서 침출식 콜드브루로 넘어가리라고 확신한다. 미래에는 ICB 커피 머신이 바에서 제조하는 커피 칵테일을 책임지리라!

침출식 추출법을 쓰면(40~43쪽 참조) 일정하고 균형 잡힌 맛의 대용량 커피 원액을 간단하게 얻을 수 있다. 보관 기간도 길고 언제든지 바로 사용이 가능하다. 바에 더할 나위 없이 어울리는 방식인 셈이다. 강력하게 추천한다.

왼쪽 : 신선한 에스프레소를 브루잉하는 모습.

위쪽 : 커피를 브루잉할 때는 어떤 방식이나 기계를 쓰든 상관없이 체계 잡히고 청결하며 일관성 있는 방식으로 접근해야 빠르게 실력을 늘릴 수 있다.

팁과 테크닉

좋은 커피를 내리는 데 도움이 될 만한 팁이 있다. 하지만 연습이 제일 중요하다는 사실을 기억하라. 시간이 지나면서 결과물이 향상되고 실수에서 교훈을 얻을 것이다.

- 물과 커피를 정확하게 계량한다.
- 온도가 적절한지 확인한다.
- 장비를 소독한다.
- 기록한다. 같은 실수를 반복하지 않고 더 좋은 결과물을 얻을 수 있다.

직접 보고 배우기

좋아하는 카페 카운터 근처에 자리를 잡고 커피를 주문하라. 전문가가 커피를 내리는 모습을 구경하면서 궁금한 것을 묻고 배우는 일을 두려워해서는 안 된다. 전문 바리스타는 대부분 자신의 커피에 자부심이 있는 커피광이다. 질문하면 흔쾌히 답을 해준다. 바쁜 시간을 피하고 팁을 후하게 남기도록 한다.

마지막으로, 여러분이 커피를 아끼면 커피 역시 상응하는 보상을 해준다는 사실을 잊지 마라.

추출

커피를 추출하는 방법은 여러 가지다. 일단 콜드 드립, 케멕스, 모카 포트, 사이펀 정도가 있겠다. 여기에 원두의 종류, 로스팅 단계, 비율까지 들어가면 생각해야 하는 부분이 기하급수적으로 늘어난다. 스페셜티 커피 카페의 바리스타는 커피를 한 잔 내릴 때마다 모든 요소를 고려한다. 하지만 집에서 내릴 때는 여러분이 직접 판단해야 한다.

실력을 늘리려면 재료의 양과 추출 방식에 조금씩 변화를 주는 식으로 실험을 거듭하여 어떻게 했을 때 맛있는 커피가 탄생하는지 찾아내는 과정을 거쳐야 한다.

36쪽부터는 앞으로 계속 언급할 네 가지 주요 추출법인 에스프레소, 콜드브루, 프렌치 프레스, 푸어 오버에 관한 핵심 팁을 설명하겠다. 네스프레소 파드 커피 머신을 쓰는 사람을 위해 파드 커피 부문도 따로 마련해놓았다. 에어로프레스나 모카 포트를 포함한 몇 가지 추출법은 생략했다. 커피 칵테일을 만들 때 효율 좋은 선택지가 아니라고 생각하기 때문이다.

그라인딩 커피를 분쇄하는 방식은 추출 과정에서 몹시 중요한 부분이지만, 자주 간과되고는 한다. 같은 분쇄 커피라도 추출 방법마다 물과 접촉하는 환경이 다르므로 향미가 달라지는데, 신경 쓰지 않으면 아쉬운 결과가 나오는 경우도 있다. 예를 들어 에스프레소 머신으로 커피를 내릴 때 물과 커피 가루가 접촉하는 시간은 15~30초에 지나지 않는다. 다시 말해 물이 통과하는 짧은 시간 동안 향미, 향, 질감을 충분히 뽑아내려면 커피를 곱게 갈아야 한다는 뜻이다. 기계의 수압 역시 경시해서는 안 되는 요소다. 에스프레소의 매력

왼쪽 아래 : 버 그라인더로 들어가는 로스팅된 원두.
오른쪽 아래 : 에스프레소 머신으로 추출할 신선한 분쇄 커피.

인 부드러운 크레마를 만들기 때문이다. 커피를 너무 굵게 갈면 추출이 충분히 이루어지지 않으며(과소 추출) 반대로 너무 곱게 갈면 질감과 향미를 이루는 요소가 지나치게 우러난다. 따라서 원두의 장점을 최대한 살리려면 추출하려는 방식에 적합한 크기로 분쇄해야 한다.

그라인딩을 정확하게 하려면 원뿔 모양 버 그라인더(14쪽 참조)가 필요하다. 가장 정밀하고 일관성 있게 원두를 분쇄하는 도구다. 커다란 매장용부터 아담한 가정용까지 종류가 다양하며 전자제품 매장에서 쉽게 찾을 수 있다. 블레이드 그라인더는 눈길도 주지 않는다. 몹시 부정확하고 효율이 떨어진다.

커피는 필요한 만큼 갈아서 사용하는 것이 가장 좋다. 분쇄한 순간부터 산화 작용이 일어나면서 빠르게 상하기 때문이다. 밀폐 용기에 담아 서늘하고 어두운 장소에 보관하고 며칠 내로 전부 사용한다. 냉장고에 넣어서는 안 된다.

추출 방식마다 어울리는 분쇄 정도를 찾으려면 시행착오를 겪어야 한다. 어떤 설정에서 무슨 결과물이 나왔는지 기억하고 같은 실수를 반복하지 않도록 기록을 남긴다.

아래쪽 : 원두의 분쇄 정도를 나타낸 사진. 생각한 추출 방식에 맞게 그라인딩한 커피를 사용하는 것이 중요하다. 사진에 없는 분쇄 단계는 '엑스트라 파인'인데, 터키식 추출법에 사용한다.

파인
에스프레소

미디움 파인
에어로프레스
모카 포트

미디움
케멕스
푸어 오버

코스
사이펀
콜드브루
프렌치 프레스

홀 빈

에스프레소

1940년대 후반, 이탈리아에서 부산하게 밀려드는 손님에게 질 좋은 커피를 빠르게 대접하기 위해 탄생한 에스프레소 머신이 폭발적인 인기를 얻으면서 에스프레소는 전 세계 커피 애호가들이 가장 선호하는 추출 방식으로 자리 잡았다. 오늘날 칵테일에 제일 흔하게 들어가는 커피가 에스프레소이며, 에스프레소 머신은 바에서 절대 없으면 안 되는 장비다. 이탈리아의 명작인 에스프레소 머신을 이용하면 에스프레소 마티니나 에스프레소 더블샷처럼 밤에도 기운이 넘치게 만드는 다양한 카페인 음료를 만들 수 있다.

바에서 제공하는 음료에 넣을 커피로 에스프레소를 선택하는 일에는 장단점이 있다. 장점은 맛있고 풍미가 깊으며 톡 쏘는 맛과 복합미가 있는 진한 커피를 내릴 수 있다는 것이다. 다른 방식보다 빠른 편이고 직원과 손님 모두에게 친숙하다. 크레마가 풍부하다는 점도 빼놓을 수 없다.

단점도 있다. 에스프레소 머신은 상당히 크므로 바의 귀중한 공간을 잡아먹으며 가끔 결과물이 들쭉날쭉한 날이 있다. 미리 만든 커피를 병에 담아 보관했다가 즉시 따라서 사용하는 방식보다 속도가 느리며, 새벽 마감 때마다 고된 세척 작업을 해야 한다. 가장 큰 단점을 꼽자면 아무래도 떨어지는 품질과 직원 교육의 어려움 정도가 있겠다.

커피의 질 에스프레소 머신을 잘 관리하고 추출 실력이 좋아도 질 나쁜 원두를 사용하면 결과물에 단점이 드러날 수밖에 없다.

교육 제대로 교육하지 않으면 직원마다 숙련도 차이가 생기므로 형편없는 커피가 만들어질 우려가 있다. 모든 직원이 일관성 있게 좋은 커피를 내릴 수 있도록 한 명 한 명 교육하고 시험하도록 한다. 언제나 최고의 커피를 추출할 수 있도록 열정을 불어넣어라!

왼쪽과 반대쪽 : 에스프레소 머신에서 질 좋은 커피 방울이 컵에 떨어지는 순간에는 마법처럼 특별한 느낌이 있다. 커피의 색, 향, 질감, 온도가 혼을 완전히 빼놓는다.

팁과 테크닉

일단 에스프레소 머신, 그라인더, 탬퍼를 포함한 커피 장비가 있고 사용법도 안다고 가정하겠다. 다음은 에스프레소 머신으로 최고의 결과를 얻어내는 데 도움이 되는 몇 가지 팁과 테크닉이다.

- 그라인더 호퍼에는 하루에 다 사용할 만큼만 원두를 집어넣는다.
- 커피는 미리 갈아두지 않고 필요할 때마다 분쇄한다.
- 포터필터를 분리한 뒤, 그룹헤드에 물을 2~3초간 흘려보내서 추출하고 남은 찌꺼기를 제거한다.
- 커피 잔여물이 남아 있지 않도록 포터필터를 비우고 닦아낸다.
- 커피를 정확하게 계량하여 맛을 일정하게 유지한다. 여건이 안 된다면 포터필터에 커피를 채운 다음 표면이 평평하게 되도록 털어낸다.
- 포터필터에 담은 커피 표면이 불균일하다면 손으로 두드려 편다. 탬퍼로 누르지 않는다.
- 포터필터를 지지대에 놓고 탬퍼로 누른다. 한쪽에만 힘을 가하지 않도록 주의한다.
- 탬퍼를 부드럽게 누른다. 왼쪽과 오른쪽으로 살짝 비틀면서 표면을 다듬는다.
- 가장자리로 나온 커피 가루가 바스켓 안으로 들어가지 않도록 손으로 쓸어낸다.
- 머신에 포터필터를 장착하면 즉시 추출을 시작한다. 그렇지 않으면 저절로 커피에 열반응이 일어난다.
- 추출 과정을 지켜본다. 중요한 순간이다! 작업이 너무 빨리 끝났다면 과소 추출되었다는 뜻이며 지나치게 오래 걸렸다면 타고 쓴 과다 추출이 일어났다는 뜻이다. 추출 속도는 너무 빨라서도 느려서도 안 된다(35쪽 참조).
- 분쇄한 원두 가루의 크기와 탬퍼의 압력은 추출에서 가장 중요한 요소이므로 정밀하게 조절해야 한다.

아래쪽: 정성스럽게 탬핑하면 아름다운 에스프레소가 탄생한다.

아래쪽: 탬핑에 실패한 모습이다.

위쪽 : 우유를 가열하고 공기를 주입하는 과정이다.

위쪽 : 완벽한 플랫 화이트를 푸어링하고 있다.

- 20~30초간 추출한다. 추출 과정을 지켜보면 색이 밝아지면서 커피가 내려오는 속도가 달라지는 모습을 확인할 수 있다. 이는 추출이 끝났다는 사실을 의미한다.
- 크레마를 확인한다. 유난히 어둡거나 밝은 부분 없이 균일할수록 좋다.
- 정교한 라테 아트를 할 생각이라면 커피에 들어갈 우유를 스티밍하고 푸어링하는 과정 역시 빼놓을 수 없다. 원하는 질감을 표현하려면 스팀 완드를 저그 안에 넣어 소용돌이를 일으킨 다음, 열을 가하면서 미세한 거품을 만드는 스트레칭이라는 과정을 거쳐야 한다.

- 조심스럽고 부드럽게 작업한다. 우유를 너무 뜨겁게 달구어서는 안 된다.
- 어느 정도 경험이 쌓인 사람은 저그 바닥을 만져서 온도가 적절한지 알 수 있다.
- 너무 데우는 것보다는 차라리 덜 데우는 편이 낫다. 우유가 타면 향이 변하고 커피의 질이 떨어지기 때문이다.
- 마지막으로, 항상 머신과 장비를 청결하게 관리한다. 에스프레소 머신 전용 세정제와 물로 자주 세척한다. 기억하라. 잘 관리한 머신은 배신하지 않는다!

콜드브루

나는 집이나 바에서 칵테일을 만들 때 콜드브루 커피를 선택하면 상당히 많은 이점이 있다고 확신한다(거의 전도사 수준이다). 다른 추출 방식도 콜드브루의 장점인 질과 편리함을 천천히 따라오고 있기는 하다.

콜드브루는 열보다 시간에 의존하여 원두의 향미와 향을 추출하는 방식이다. 에스프레소 머신과 비교했을 때 결과물이 크게 다르지만, 마찬가지로 맛이 뛰어나다. 단맛이 강하고 신맛과 쓴맛이 약해서 먹기 편하고 다용도로 사용할 수 있으므로 범용성이 좋다.

콜드브루는 여러 가지 방식으로 나뉜다. 모두 싱글 오리진 아라비카(25쪽 참조)에 잘 어울리며 프렌치 프레스에 들어가는 정도로 굵게 간 원두(35쪽 참조)를 사용한다. 더 굵게 갈 필요는 없다. 커피와 물의 비율은 어디까지나 취향이다. 나는 진하게 우린 다음, 필요한 만큼 물을 타서 마신다.

콜드 드립 커피

분쇄한 커피를 천천히 통과한 물이 원두의 특색을 머금고 아래에 놓인 병으로 방울져 떨어진다. 콜드 드립 타워라고 부르는 섬세한 최첨단 기구가 필요하다(오른쪽 참조).

가운데 용기에는 분쇄한 커피를 담으며 그 위의 물통에는 실온의 물이나 얼음물을 채운다. 물통의 유속 제어기로 물이 떨어지는 속도를 조절할 수 있다. 떨어진 물방울은 분쇄 커피에 스며들었다가 필터를 지나 맨 밑에 있는 빈 용기로 향한다. 원두는 침출식 콜드브루 혹은 프렌치 프레스에 사용하는 정도로 굵게 갈아 사용한다. 커피와 물의 비율은 선호하는 커피의 농도에 따라 달라진다. 1:10으

오른쪽 : 콜드 드립 타워. 물이 천천히 커피를 통과해 떨어지면서 콜드 드립 커피가 탄생한다.

로 하면 바로 마시기 좋다. 하지만 나는 1:7로 진하게 내려서 칵테일을 만들 때 사용한다.

작업을 완전히 마치는 데 걸리는 시간은 드리퍼에 들어가는 물의 양과 유속 제어기를 조이는 정도에 따라 달라진다. 나는 2ℓ의 물을 280g의 커피에 흘려보내며, 1.5초에 1방울 떨어지도록(1분당 40방울) 설정한다. 복합미 있고 진한 맛이 나는 원액이 나오는데, 부드러운 맛이 좋다면 물을 섞으면 된다.

두 번째 방법은, 내가 집이나 바에서 사용할 때 선호하는 방식인 침출식이다.

침출식

간단히 말해, '천천히 만들기'다. 커다란 물병에 물을 채우고 굵게 간 원두를 듬뿍 넣으면 커피가 서서히 우러난다. 우리는 기다리기만 하면 된다. 원하는 만큼 우리고 나면 한 번 걸러서 원액과 커피 가루를 분리한다.

분쇄한 원두의 크기, 커피와 물의 비율, 침출 시간은 굉장히 중요한 요소다. 또한 어떤 필터를 넣느냐에 따라 작업이 약간 바뀌고 결과물도 달라진다. 나는 여기서 소개하는 공식을 기본으로 하되, 로스팅 단계와 원산지에 따라 조금씩 수정한다.

나는 연구 끝에 책에 적은 비율대로 침출식 커피를 우리면 칵테일에 쓰기 딱 적당할 정도로 진한 커피가 탄생한다는 사실을 발견했다. 그전에는 그냥 무조건 에스프레소를 넣었다. 원하는 결과를 얻기 위해 실험을 거듭하는 한, 누구나 금방 전문가가 될 수 있다.

토디 콜드브루 시스템 호퍼에 굵게 간 커피와 찬물을 1:5로 넣는다(커피 250g에 광천수 1,250㎖). 로스팅 단계에 따라 16~18시간 동안 우린다. 플라스틱 호퍼에 탈착이 가능한 내장식 필터가 들어 있으므로 기다렸다가 유리병을 아래에 놓고 호퍼의 마개를 제거하면 간단하게 커피를 받을 수 있다. 10~15분 정도 걸리며 한 번에 1ℓ의 콜드브루 원액이 나온다. 내가 연구한 결과, 이 방식이 가장 쉽고 커피 맛도 일관성이 있다.

오른쪽 : 토디 콜드브루 시스템. 커피와 물을 플라스틱 호퍼에 넣는다. 준비되면 마개를 빼서 콜드브루가 필터를 거쳐 아래 유리 저그로 떨어지게 한다.

위쪽 : 토디 콜드브루 시스템으로 커피를 내리는 모습. 물에 잠긴 커피에서 성분이 천천히 우러나고 있다.

종이와 거름망 필터 굵게 간 커피와 찬물을 1:5 비율로 커다란 병에 담는다(커피 250g에 광천수 1,250㎖). 로스팅 단계에 따라, 18~20시간 동안 기다린다. 고운 종이 필터는 토디 콜드브루 시스템보다 향미 성분이 통과하기 어려우므로 더 오래 우린다. 이물질을 제거하고 필터의 미세 구멍이 열리도록 사용 전에 물로 골고루 씻는다. 거름망의 경우, 구멍이 더 크므로 17~19시간 동안 기다리면 충분하다.

두 방식 모두 토디 필터보다 속도가 훨씬 느리다. 한쪽으로 치워놓고 느긋하게 기다리자. 마찬가지로 1ℓ의 콜드브루 원액을 얻을 수 있다.

프렌치 프레스 필터 프렌치 프레스는 집에 괜찮은 필터가 없을 때 소량을 내리기 좋은 방식이다. 스테인리스 스틸 필터도 다른 필터에 비해 더 많은 성분을 통과시키므로, 비율을 1:6 정도로 맞춘다(커피 166g에 물 1ℓ). 16시간 동안 우린 다음, 플런저를 누르고 여과된 원액을 옮긴다. 스테인리스 스틸 필터로 거른 커피는 유분과 미분이 많으므로 탁하게 느껴질 수 있다.

어떤 방식을 선택하든 간에 진한 원액을 얻을 수 있다. 콜드브루 원액 30㎖는 에스프레소 30㎖와 농도가 비슷하지만, 신맛과 쓴맛이 덜하므로 칵테일에 넣었을 때 맛이 더 부드럽다. 에스프레소 대신 콜드브루를 넣으면서 달라진 균형은 비터스 같은 재료를 활용해서 쉽게 바로잡을 수 있다.

보관

콜드브루 원액은 병에 담아 냉장 보관한다. 2주 정도 마실 수 있으니 바와 가정에서 모두 적합한 방식이다. 얼음물이나 찬물을 넣고 희석하여 마셔도 좋고 다양한 우유, 예를 들면 코코넛 밀크와 섞어도 맛있다. 따뜻하게 즐기고 싶다면 그냥 끓는 물을 원액에 부으면 된다.

로스트

나는 콜드브루 커피를 다른 음료와 섞지 않고 마실 때는 라이트 혹은 미디움으로 로스팅한 원두를 사용하여 과일 향을 살리고 신맛을 줄이는 편이다. 하지만 경험상 칵테일에 넣을 때는 더 강하게 로스팅한 원두를 써야 에스프레소가 들어간 음료에 익숙한 우리의 입맛에 친숙한 질감과 산미를 낼 수 있다.

왼쪽 위 : 거름망 필터를 이용한 추출 1단계.
오른쪽 위 : 거름망 필터를 이용한 추출 2단계.
왼쪽 아래 : 굵게 간 커피.
오른쪽 아래 : 프렌치 프레스 방식.

프렌치 프레스

프렌치 프레스 혹은 카페티에르라고 알려진 커피 플런저를 사용하는 추출법이다. 오래전부터 가정에서 커피를 내릴 때 사용한 방식이며 10분 안에 빠르고 간단하게 친구와 커피를 즐길 수 있다. 하지만 공을 들이지 않고 재료를 냅다 들이부어서 만드는 사람이 많다. 커피의 향미를 최대한 살리려면 계량, 시간 분배, 온도 조절을 정확하게 해야 한다. 커피 2잔 기준 레시피는 다음과 같다.

2인분
굵게 간 커피 32g
실온의 광천수 100g
끓는 물 400g(예열할 물 200g 별도)

주전자로 물을 끓인다. 200g 정도를 프렌치 프레스에 부어 예열한다. 저어서 버린다. 이때 잔을 함께 예열해도 좋다.

커피를 넣고 광천수로 적신다. 30초 동안 기다린다. 블루밍, 즉 '뜸'을 들이는 이유는 이산화탄소를 내보내고 뜨거운 물을 부었을 때 커피가 타지 않도록 예방하기 위해서다.

빠르게 한 번 저은 다음, 주전자로 뜨거운 물 400g을 붓는다(45쪽 오른쪽 위 사진). 뚜껑을 덮고 4분간 우린다.

플런저를 천천히 일정하게 누른다(45쪽 왼쪽 아래 사진).

잔에 따라 마신다.

바리스타의 팁

- 과다 추출이 발생하면서 지나치게 쓴맛이 나지 않도록 작업이 끝나면 바로 다른 용기로 옮긴다.
- 좋아하는 원두로 고급 싱글 오리진 커피를 내린다. 원두 종류가 달라지면 물과 커피의 비율도 다르게 해야 하므로, 시행착오를 겪으면서 최고의 커피를 만들어본다.
- 최적의 물 온도는 96℃다.

프렌치 프레스 45

푸어 오버

V60(사진)과 케멕스처럼 푸어 오버 방식으로 내린 커피는 지난 몇 년간 상당한 인기를 끌었다. 커피 애호가나 바리스타가 순식간에 푸어 오버 방식에 빠진 이유는 여러 가지다. 일단 에스프레소 머신이나 스토브탑보다 커피 맛이 훨씬 부드럽다. 따라서 100% 아라비카 싱글 오리진 커피의 섬세하고 미묘한 맛을 살리기 좋다. 물과 커피의 비율, 수온, 커피와의 접촉 정도와 같은 요소를 모두 조절할 수 있으므로 바리스타는 쉽고 간단하게 커피를 내릴 수 있다. 상당한 체계성이 요구되며 특히 물과 커피 비율 맞추는 작업이 핵심이다.

중간 정도로 혹은 굵게 간 커피 16g
끓는 물 250g(96℃가 가장 좋다)
예열할 물 100~200g

주전자에 물을 끓인다. 100~200g의 물을 필터를 통해 머그잔이나 커피 저그에 따르고 헹궈서 버린다. 필터를 씻고 용기를 예열하는 작업이다.

커피를 필터에 붓고 물 50g으로 적신 다음, 20초 동안 기다린다. 블루밍이라고 하는 작업인데, 커피에서 씁쓸한 탄산을 생성하는 이산화탄소를 제거하기 위함이다(47쪽 오른쪽 위 사진).

남은 물 200g을 추출이 균일하게 이루어지도록 커피에 천천히 원을 그리면서 붓는다(47쪽 왼쪽 아래, 오른쪽 아래 사진). 커피가 전부 내려질 때까지 기다린다.

잔에 따라 마신다.

바리스타의 팁

친구와 함께 즐기기에 좋은 추출법이다. 느리고 번거로우므로 칵테일에 들어갈 커피를 만들 때 선호하는 방식은 아니다.

푸어 오버 47

파드 커피

파드 커피 머신을 만드는 회사는 많다. 그중에서도 네스프레소는 혜성처럼 등장하여 가정과 직장에서 마시는 커피에 혁명을 일으킨 제조사이며, 지금까지 시장을 주도하고 있다. 최근 몇 년간, 파드 커피는 전 세계에서 빠르게 인기를 얻었다.

많은 사람이 파드 커피의 추종자가 되었지만, 이러한 현상을 탐탁지 않아 하는 사람들 역시 적지 않다. 나는 중간 입장이다. 파드 커피는 장단점이 있다. 공간을 적게 차지한다는 점은 좋다. 바든 어디든 크게 수고를 들이지 않고 커피를 뽑을 수 있고 품질은 그 어떠한 인스턴트커피와도 비교할 수 없는 수준이다. 사실, 웬만한 카페에서 마시는 커피보다 낫다. 숙련된 바리스타가 내리는 고품질의 스페셜티 커피보다는 향미가 약하지만, 일관성과 편의성을 생각하면 충분히 감수할 수 있을 정도다. 이러한 장점 덕분에 칵테일과 목테일 제조에 들어가는 커피로 잘 어울린다. 파드 커피 머신이 더 퍼지면 몇 년 안에 가정이나 바에서 지금보다 창의적인 음료를 마음껏 만들어 즐기는 시대가 도래하지 않을까 한다.

단점도 있다. 일단, 쓰레기가 많이 생긴다. 웬만한 공장에서는 재활용이 불가능하므로 다시 사용하려면 생산자에게 도로 보내야 하는데, 그러면 편의성이라는 장점이 사라진다. 소비자의 환경 인식이 급상승한 최근 들어 상당한 단점으로 작용한다.

일회용 파드 커피는 우리 세대에 들어 인스턴트커피의 자리를 대신하는 추세다. 파드 커피가 여러분이 커피의 세계에 입문하는 일을 돕고 내가 방문했을 때 괜찮은 커피 한 잔을 내줄 수 있다면, 얼마든지 좋다…. 아마 나중에는 더 좋은 커피를 마시고 싶다는 욕심이 들 것이다.

파드 커피를 쓰는 사람에게 줄 세 가지 팁이 있다.

- 수조에 물을 적게 담아야 신선한 물로 커피를 즐길 수 있다.
- 머신을 청결하게 관리한다. 추출하기 전에 물을 조금씩 흘려보내어 잔여물을 제거한다.
- 편의성 때문에 파드 커피를 선택했다면, 콜드브루로 바꾸는 것을 생각해보자(40쪽 참조). 1~2주 동안 마실 수 있는 2ℓ의 원액을 얻을 수 있으며, 향미가 좋고 맛이 일관성 있을 뿐 아니라, 마실 때마다 내려야 하는 번거로움이 없다.

왼쪽과 반대쪽 : 파드 커피 머신과 파드.

칵테일의 기본

칵테일이란 무엇인가? 맞다. 여러 가지 재료를 섞은 알코올 음료다. 하지만 사전적 정의로는 칵테일을 설명하기에 역부족이다. 좋은 칵테일을 제조하는 순간은 마법과도 같다. 바텐더가 자신과 바의 기술과 개성을 손님에게 각인하는 시간이기 때문이다.

완벽한 진토닉

진토닉을 간단하게 설명하고 넘어가자. 전 세계 어떤 바를 가도 마실 수 있는 술이다. 그런데 핵심 재료인 진, 토닉, 가니쉬, 얼음은 똑같아도 맛의 차이가 크다.

유리잔은 술의 외관과 느낌을 결정한다. 향의 발현은 말할 것도 없다. 얼음의 모양, 질, 크기 역시 유리잔과 함께 심미성에 영향을 미치는 요소다. 또한 얼음은 입을 대는 순간부터 빈 잔을 내려놓을 때까지 음료의 온도와 향을 결정한다. 가니쉬로 덩그러니 올린 시트러스 한 조각이 별 의미 없어 보일지도 모르겠다. 하지만 꽉 짜서 과즙과 오일을 음료에 넣으면 향미와 향이 확 살아난다. 진과 잘 어울리는 과일을 사용하면 효과는 배가 된다.

그렇다고 진에 무조건 시트러스만 고집할 필요는 없다. 오이나 신선한 바질 같은 재료가 더 잘 어울릴지도 모르니 말이다.

마지막으로, 진과 토닉의 종류와 비율 역시 완성작의 느낌을 크게 바꾸어놓을 수 있다. 진을 너무 많이 넣으면 필요 이상으로 독하고 토닉이 과하면 진이 묻힌다. 여러분의 진토닉은 어떠한가? 진과 토닉의 향미가 잘 어울리고 손님의 입맛에 맞는가?

맞춤식

모든 칵테일은 자리에 앉은 손님과 그 순간에 잘 어울려야 한다. '와' 하는 감탄사가 절로 나오면서 얼굴에 미소와 생기를 불어넣는 것이 칵테일의 목적이다. 기억하라. '칵테일은 행복을 주는 술이다!'

적절한 균형

완벽한 칵테일은 극과 극의 대비로 맛의 구조를 쌓아 올리는 식으로 탄생한다. 강함과 약함, 단맛과 신맛, 쓴맛과 짠맛의 균형이 한 치의 흠 없이 맞을 때, 모든 요소가 하나로 어우러지면서 우리가 좋아하는 음료가 된다.

클래식 칵테일은 앞서 언급한 요소를 이용하는 세밀한 공식 아래 탄생한다. 공식이 대단한 이유는 재료를 손쉽게 바꾸는 일이 가능하기 때문이다. 따라서 우리는 원하는 대로 마음껏 변화를 줄 수 있다. 음료의 향미를 잘 고려한다면, 기존의 재료를 비슷한 성질의 재료로 바꾸어도 괜찮다는 뜻이다. 예를 들어 백설탕 시럽은 흑설탕, 꿀, 메이플이나 아가베 시럽으로 대체해도 상관없다.

재료마다 당도와 향미가 다르므로 무작정 기존의 재료와 같은 양을 넣어서는 안 되겠지만, 그렇다고 양 차이가 심하게 나는 것도 아니기에 맛을 보면서 조절하면 누구나 할 수 있는 일이다. 커피는 물론이고 얼음이나 다른 재료 역시 내가 사용한 것과 여러분이 사용할 것은 차이가 있기 때문에 재료를 바꾸는 작업은 좋든 싫든 앞으로 해야 할 일이다.

칵테일 레시피 대부분은 비슷한 공식의 응용이므로 일단 뼈대를 알고 나면 책에 있는 음료를 나름대로 수정하면서 취향에 맞게 살을 붙일 수 있다. 전문가처럼 말이다.

재료

양보다는 질이다. 음료의 수준은 들어간 재료 중 가장 품질이 떨어지는 것과 같다고 보면 된다. 그러니 예산이 허락하는 한 최고의 재료를 구매하라. 저렴한 공장제 제품 대신 신선한 자연식품을 쓰는 편을 추천한다. 예를 들어 싱싱한 산딸기나 생 산딸기 퓨레는 산딸기 5%에 옥수수 시럽과 염화제일주석을 섞고 설탕을 퍼부어 만든 시럽보다 맛이 뛰어날 수밖에 없다. 에스프레소도 마찬가지다. 제대로 로스팅한 고급 원두를 정밀하게 추출한 에스프레소는 체인점 카페에서 내린 커피보다 모든 면에서 월등하다.

균형을 맞추기 위해 간을 보면서 양을 조절한다. 재료를 넣고 휘저은 다음 스푼으로 손등에 음료를 한 방울 떨어뜨려 맛을 보면 된다.

마지막으로, 가장 중요한 부분이다. 즐겨라! 칵테일은 바텐더를 포함한 모든 사람에게 즐거움을 주는 음료이며, 그것이 칵테일의 존재 목적이다. 즐겁지 않다면, 뭔가 잘못되었다는 뜻이다. 행운을 빈다.

1
셰이큰

커피를 넣은 셰이킹 칵테일은 사랑스럽고 포근하며 풍부한 크레마가 특징이다. 유명한 예로 에스프레소 마티니가 있다. 최근 커피 문화가 전 세계에서 열풍을 일으킨 탓에 바에서도 괜찮은 커피 머신을 갖추고 필요한 기술을 익히는 것이 기본 소양이 되었다. 이러한 흐름의 여파로 지난 몇 년간 커피 칵테일을 찾는 사람이 많아졌으며, 특히 악명 높은 에스프레소 마티니의 인기는 하늘 높은 줄 모르고 치솟았다.

바텐더의 팁

- 셰이킹 칵테일은 반드시 차갑게 식힌 유리잔에 낸다. 각얼음이나 으깬 얼음을 잔에 담아놓고 조제를 시작한다.
- 셰이커에 재료를 담고 얼음을 붓는다. 얼음을 먼저 넣으면 절대 안 된다.
- 셰이킹할 때는 반드시 각얼음을 사용한다. 셰이커 표면에 서리가 낄 때까지 10초 정도 세게 흔든다.
- 셰이커를 열고 얼음을 버리거나 교체한다(필요하면). 칵테일을 거르기 전에 유리잔의 물을 버린다.
- 얼음이 들어가는 칵테일 대부분은 셰이커 안에 있던 얼음을 버리고 새로운 얼음을 담아 내놓는다.
- 얼음 없이 내는 칵테일은 두 번 걸러야 한다. 호손 스트레이너를 사용하되, 얼음 조각과 과육을 완전히 제거하기 위한 체를 따로 준비한다.

에스프레소 마티니

한때 파마슈티컬 스티뮬런트 혹은 보드카 에스프레소라고 불렀던 악명 높은 에스프레소 마티니는 1980년대 후반, 현대에 가장 많은 영향을 주었다고 평가받는 바텐더인 런던 프레드 클럽 소속 딕 브래드셀의 손에서 탄생했다. 한 모델이 "정신이 번쩍 들면서도 엄청나게 독한 술"을 주문하자 브래드셀은 보드카, 갓 내린 에스프레소, 커피 리큐어, 설탕을 섞어서 거품이 풍부하고 달콤하면서도 쌉싸름한 각성제를 만들어 스트레이너에 걸러서 우아한 유리잔에 내놓았다. 섞는 과정에서 자연스럽게 흘러나온 기름이 위쪽에 아름답고 풍부한 크레마를 만들며 아래쪽에는 벨벳처럼 부드럽고 정교한 외형의 음료가 남는다. 칵테일이 다 그렇듯이, 재료의 질이 좋으면 음료의 수준이 올라간다. 갓 내린 에스프레소를 셰이커에 먼저 부어 어느 정도 식게 한 다음, 다른 재료를 넣고 얼음을 담는다. 보드카, 설탕, 리큐어, 유리잔을 다른 비슷한 대체품으로 바꿔서 독특한 변화를 주기 쉬운 음료다. 달콤함과 씁쓸함의 강렬한 균형만 제대로 살리도록 한다. 딕 브래드셀은 2016년 작고했다. 과묵하고 남들 앞에 잘 나서지 않지만 쾌활한 성품인 딕은 말 대신 음료로 자신을 표현하는 사람이었다. 브래드셀의 명작들은 바텐더들이 무릎을 탁 치면서 "내가 왜 이 생각을 못 했지?"라고 고뇌하게 할 정도로 단순하다. 자, 딕 브래드셀과 에스프레소 마티니를 위해 건배!

보드카 40㎖
갓 내린 에스프레소 30㎖
커피 리큐어 20㎖
설탕 시럽 10㎖

가니쉬
원두 3개

재료를 칵테일 셰이커에 넣는다. 각얼음을 넣고 섞은 다음, 스트레이너에 두 번 걸러서 차가운 마티니 글라스나 마르가리타 글라스에 담는다. 원두를 올려 장식한다.

설탕 시럽 만드는 법 : 끓는 물 500㎖를 삼온당 1kg 혹은 5컵에 붓고 잘 저어서 녹인다. 차가운 곳에서 식힌다. 살균한 병에 담아 냉장 보관하면 최대 4개월까지 쓸 수 있다.

 커피 직접 내린 에스프레소를 사용한다. 콜드브루로 과감한 시도를 해도 좋은 결과를 얻을 수 있다.

술 보드카류를 사용한다. 매장에 다양한 브랜드가 있으니 취향에 맞게 고른다. 나는 케텔 원을 굉장히 좋아한다. 부드러우면서도 개성이 있어 다른 재료에 묻히지 않는다. 에스프레소와 특히 잘 어울린다.

밀크 앤 쿠키스

우유와 쿠키의 유서 깊은 조합은 내게 즐거운 어린 시절을 생각나게 한다. 나는 여기에 커피와 술을 더하여 어른의 방식으로 재해석했다. 담아내려는 병에서 바로 섞는 것이 좋으나 얼음 없이 칵테일 셰이커에 담아 흔들어도 무방하다.

위스키 45㎖
콜드브루 커피 30㎖
골든 시럽 15㎖
우유 90㎖(흰 우유와 견과 우유 모두 가능)

안주

쿠키(선택)

차갑게 식힌 300㎖ 용량의 병에 재료를 넣고 흔든다. 기호에 따라 쿠키를 곁들여 낸다.

 커피 에스프레소나 콜드브루를 더블 샷으로 넣는다. 나는 다른 재료를 전부 섞고 마지막으로 커피를 부어서 커피와 우유가 하나로 어우러지는 모습을 감상하고는 한다. 거품을 풍부하게 즐기고 싶다면 한 번 더 흔들어준다.

술 간단한 레시피이므로 재료를 딱 잘라 말하지 않겠다. 좋아하는 위스키를 넣어라. 블렌디드 스카치 위스키, 싱글 몰트 위스키, 블렌디드 몰트 위스키, 아이리시 위스키, 캐나디안 위스키, 아메리칸 위스키 정도가 있겠다. 해석하기에 따라 얼마든지 변화를 줄 수 있는 음료다. 보드카, 럼, 테킬라, 브랜디 역시 잘 어울린다.

빅 브루

에스프레소 마티니 같은 음료를 여러 잔 준비하라는 주문이 들어왔지만, 손님이 너무 많아 주방으로 들어가 칵테일을 섞을 시간이 없는 상황을 대비한 음료다. 미리 10인분을 병에 담아 냉장고에서 보관하다가 꺼내서 섞기만 하면 바로 완성할 수 있다.

10인분

보드카 450㎖
신선한 콜드브루 커피 300㎖
커피 리큐어 150㎖
설탕 시럽 85㎖(55쪽 참조)
앙고스투라 비터스 10대시(선택)

가니쉬

원두
육두구 분말(선택)

10인분 기준으로 1ℓ 용량의 병에 재료를 담아 보관한다. 마시고 싶을 때 100㎖를 칵테일 셰이커에 넣고 각얼음과 함께 섞어서 잔에 따르거나 병째로 흔들고 얼음 컵에 부어서 즐긴다. 취향에 따라 가니쉬로 원두와 육두구를 올린다.

 커피 과테말라나 콜롬비아산 미디움 로스트 원두로 내린 풍부한 맛의 콜드브루가 잘 어울린다고 생각한다.

술 좋아하는 보드카를 넣는다. 비터스를 곁들이면 복합미를 더하고 단맛의 균형을 잡아줄 수 있다. 비터스는 어디까지나 선택 사항이다.

커피 앤 쿠반

커피, 럼, 시가, 초콜릿을 내 반만이라도 좋아하는 사람이라면, 아마 이 칵테일이 상당히 마음에 들 것이다. 레시피는 간단하지만, 맛이 상당히 뛰어나다. 나는 쿠바에 가서 에스프레소와 럼 그리고 고급 쿠바 시가를 마음껏 즐기고 돌아온 적이 있다. 당시 경험에서 영감을 받아 세 가지를 하나로 조합하는 방법을 궁리하게 되었으며, 설탕을 살짝 뿌려 질감을 다듬고 안주로 짭짤한 다크 초콜릿 한 조각을 곁들인 칵테일이 탄생했다. 어버이날 아버지 선물로 적격이다.

쿠바산 럼 45㎖
에스프레소 30㎖
황설탕 시럽 7.5㎖(55쪽 참조)

가니쉬
육두구 분말

안주
다크 초콜릿(코코아 분말 70% 이상)
천일염
시가(선택)

재료를 칵테일 셰이커에 넣고 각얼음과 함께 섞어서 두 번 거른 다음, 차갑게 식힌 록스 글라스에 얼음 없이 담는다. 가니쉬로 마무리하고, 천일염을 뿌린 다크 초콜릿과 시가와 함께 즐긴다.

 커피 수준 높은 에스프레소와 잘 어울린다. 향이 좋은 과테말라, 콜롬비아, 쿠바산 원두로 내린 콜드브루로 대체해도 무방하다.

술 적당히 숙성한 쿠바산 럼을 선택한다. 나는 솔레라 시스템으로 숙성한 마투살렘 그랑 리저브 15를 사용한다. 바카디 8년산이나 하바나 7년산도 괜찮다.

슈퍼 스타우트

아일랜드의 명물, 기네스 맥주를 300cc 잔에 담아 놓았다고 오해해도 용서하겠지! 사실, 아일랜드 커피를 내 뒤틀린 관점으로 재해석한 결과물이다. 나는 얼음장처럼 차가운 기네스 맥주라면 사족을 못 쓰는 사람인데, 여기에 커피와 위스키를 더하여 끝내주는 칵테일인 슈퍼 스타우트를 만들었다. 기네스 맥주 본연의 맛을 좋아하는 사람이라면 심기가 거슬릴 수 있겠으나, 상당히 맛있으니 도전해보기 바란다. 크림이 없어도 기네스 맥주가 부드러운 식감을 낸다.

아이리시 위스키 35㎖

피그 앤 헤이즐넛 콜드브루 커피 90㎖
 (191쪽 참조)

설탕 시럽 15㎖(55쪽 참조)

기네스 아이리시 스타우트 90㎖

가니쉬

육두구 분말 약간

위스키, 커피, 설탕 시럽을 칵테일 셰이커에 넣고 각얼음과 함께 섞어서 거른 다음, 차갑게 식힌 기네스 맥주 300cc 잔에 담는다. 크레마를 살리고 거품을 만들기 위해 높은 곳에서 기네스 맥주를 따른다. 가니쉬로 육두구 분말을 뿌린다.

 커피 초콜릿 향이 나는 콜롬비아, 과테말라, 브라질산 원두를 미디움 다크 정도로 로스팅한다. 위스키와 스타우트 모두에 잘 어울린다. 간을 맞추려면 콜드브루 원액을 절반 정도로 희석해야 한다. 평범한 콜드브루를 사용해도 괜찮지만, 191쪽에 소개한 피그 앤 헤이즐넛 콜드브루를 넣으면 음료의 수준이 완전히 달라진다.

술 질감이 풍부한 아이리시 위스키를 선택한다. 탈라모어 듀, 로 앤 코, 제임슨 블랙 배럴, 제임슨 볼드 정도가 있겠다. 모두 커피와 기네스 아이리시 스타우트에 묻히지 않는다.

프렌치 프레스 마티니

에스프레소 마티니의 간단한 변형이다. 2008년 뉴질랜드 퀸스타운에서 열린 하우스 파티에서 콘서트를 기다리는 동안 만들었다. 나는 친구들이 목말라하는 모습을 보고 모두 불타는 저녁 시간을 보낼 수 있도록 커피 칵테일을 뚝딱 만들어내기로 마음먹었다. 에스프레소 머신도, 커피 리큐어도 없었지만, 향을 가미한 프렌치 프레스 커피를 내려 즉석에서 커피 칵테일을 조제했다. 방법은 간단하다. 먼저 코코아 분말, 오향분, 정제당을 물과 섞은 커피에 넣고 휘젓는다. 그리고 이 혼합물 60㎖에 보드카 45㎖(1인분 기준, 나는 6인분을 만들었다)를 섞고 커다란 (멸균) 피클병에 넣으면 끝난다. 나는 뜨거운 밤을 제대로 즐길 만큼 정신이 번쩍 드는 음료를 눈 깜짝할 사이에 만들어 모두에게 돌렸다.

20인분

굵게 간 커피 64g
정제당 150g
코코아 분말 ½티스푼
오향분 혹은 계피 분말 ¼티스푼
끓는 물 900㎖
보드카 1ℓ

가니쉬

오향분

보드카와 오향분을 제외한 모든 재료를 커다란 프렌치 프레스에 넣고 4분간 우린다. 잘 저은 다음, 플런저를 내리고 저그나 병에 담아서 추출을 멈춘다.

혼합물 60㎖와 보드카 45㎖를 칵테일 셰이커에 넣고 각얼음과 함께 강하게 흔든다. 차가운 샴페인 플루트나 마티니 글라스에 담는다. 가니쉬로 오향분을 뿌린다.

 커피 찬장을 열고 갈아놓은 원두를 손에 잡히는 대로 꺼내면 된다.

술 좋아하는 보드카를 넣는다. 바닐라 보드카, 골드 럼, 스파이스드 럼은 실패의 여지가 없다.

이탈리안 시크릿

강하게 로스팅한 이탈리아 원두로 내린 커피에 레몬 조각을 곁들여 산뜻한 맛을 더하고 쓴맛을 중화하는 남부 이탈리아의 전통 문화에서 착안했다. 외부인에게는 거의 알려지지 않은 비법이다. 나는 여기에 비밀 재료를 첨가했다. 바로, 약간의 술이다. 커피잔을 능청스럽게 홀짝이는 여러분을 보고 술을 마신다고 의심하는 사람이 있을까?

그라파 15㎖
헤이즐넛 리큐어 15㎖
아베르나 디제스티보 15㎖
모카 포트 커피 60㎖

가니쉬
레몬 트위스트

재료를 칵테일 셰이커에 넣고 각얼음과 함께 강하게 흔든 다음, 작은 커피잔에 두 번 걸러낸다. 가니쉬로 레몬 트위스트를 곁들이고, 취향에 따라 비스코티나 구운 헤이즐넛을 함께 낸다.

 커피   클래식 스토브탑 모카 포트로 내린 커피가 무난하다. 진한 에스프레소도 잘 어울린다.

술   잘 숙성되고 견과 향이 감도는 그라파가 좋다고 생각한다. 코키 그라파 도레 정도가 적당하다. 헤이즐넛 리큐어의 경우, 프란젤리코도 괜찮지만 내 기준에서는 노첼로가 제일 낫다. 이탈리아 북동 지방이 원산지다.

언-피그-에디블

커피, 스페니쉬 브랜디, 페드로 히메네스로 담은 강렬한 스페인 헤레스산 베르무트를 함께 즐기는 칵테일이다. 풍부한 맛의 무화과 잼과 커피, 카카오, 생강, 칠리, 올스파이스 등의 향을 내는 아프로디테 비터스가 어우러지면서 마실 때마다 새로운 느낌이 들 정도로 복합미가 넘치는 콜드브루 마티니를 만들어낸다.

스페니쉬 브랜디 40㎖
루스토 페드로 히메네스 셰리 스위트 베르무트 20㎖
콜드브루 커피 40㎖
무화과 잼 1티스푼
닥터 아담 엘메지라브스 아프로디테 비터스 3대시

가니쉬

신선한 무화과 ½조각

재료를 칵테일 셰이커에 넣고 각얼음과 함께 섞는다. 차갑게 식힌 마티니 글라스에 두 번 걸러서 낸다. 가니쉬로 신선한 무화과 반쪽을 곁들인다.

 커피 가볍게 로스팅한 에티오피아산 아라비카 원두를 6:1로 추출하여 사용한다(40~43쪽 참조). 산뜻한 신맛과 말린 핵과 향이 난다.

술 스페니쉬 브랜디인 토레스 10년산의 과일 향과 견과 향은 셰리 베르무트와 굉장히 잘 어울리는데, 비터스의 균형 잡힌 향신료 향이 섞이면서 존재감이 더욱 커진다.

비트 바이 제이

뜻밖이겠지만, 비트는 커피와 상당히 잘 어울린다. 참신한 카페에서는 비트 라테를 팔기도 한다. 이 칵테일은 새콤한 맛이 나는데, 위스키가 전면으로 치고 들어오고 커피는 옆에서 지원하는 느낌이다.

블렌디드 스카치 위스키 45㎖
드람부이 15㎖
콜드브루 커피 15㎖
비트즙 30㎖
레몬즙 15㎖
달걀흰자 15㎖
히비스커스 시럽 7.5㎖
더 비터 트루스 크리올 비터스 1대시

가니쉬
산딸기
건조 산딸기 분말

재료를 칵테일 셰이커에 넣고 각얼음과 함께 섞은 다음, 차갑게 식힌 좁은 와인잔에 두 번 걸러서 낸다. 가니쉬로 산딸기를 올리고 산딸기 분말을 뿌린다.

 커피 여기서 커피는 다른 강한 향미를 지원하는 역할이다. 나라면 산미가 있고 말린 핵과 향이 나도록 가볍게 로스팅한 원두를 선택하겠다.

술 품질 좋은 미디움 바디드 블렌디드 스카치 위스키를 선택한다. 조니워커 골드 라벨이나 시바스 12년산, 듀어스 8년산이 가장 잘 어울린다.

골든 벨벳

녹아서 흐르는 황금처럼 입에서 춤을 추는 칵테일이다. 저녁 식사를 끝내고 화려한 골든 벨벳을 대접하면 친구들에게 깊은 인상을 남길 수 있다. 커피가 진하지 않아서 밤늦게 마셔도 숙면에 지장을 주지 않는다.

솔티드 캐러멜 보드카 37.5㎖
리코르 43 15㎖
바나나 리큐어 7.5㎖
하프 앤 하프 30㎖(205쪽 참조)
콜드브루 커피 15㎖
커피 비터스 1대시(192쪽 참조)
금가루 한 자밤

가니쉬
리코르 43을 잔 바깥에 뿌린 다음, 금가루와 팝핑캔디를 입힌다.

잔 : 플루트 글라스를 차갑게 식히고 금가루로 덮는다(73쪽 참조).

칵테일 : 재료를 칵테일 셰이커에 넣는다. 각얼음과 함께 강하게 흔들고 두 번 걸러 잔에 담는다. 가니쉬로 금가루를 뿌린다.

 커피 벨벳처럼 부드러운 질감의 칵테일이다. 가볍게 로스팅하여 쓴맛이 약한 커피가 잘 어울린다. 나는 견과 향이 나는 인도네시아산 원두로 내린 싱글 오리진 콜드브루를 사용한다.

술 스톨리치나야 솔티드 캐러멜 보드카를 사용한다. 다른 바닐라 보드카로 대체해도 좋다. 리코르 43은 바닐라와 오렌지 향이 나는 스페인산 리큐어다.

커피 체리

씨앗을 감춘 채 잘 익은 커피 체리의 주홍색 자태에서 영감을 받은 칵테일이다. 카샤사 특유의 상쾌함이 산딸기와 레몬과 잘 어울린다. 커피는 구체 모양으로 얼려서 넣는다. 천천히 녹으면서 음료에 향미가 섞이도록 하기 위함이다. 카스카라는 말린 커피 체리 껍질인데, 보통은 버리는 부분이다. 카스카라와 벌화분으로 만든 시럽은 부드럽고 꿀처럼 달콤한 타마린드 맛이 난다.

커다란 커피 얼음(188쪽 참조)
카샤사 45㎖
체리 히어링 리큐어 10㎖
레몬즙 30㎖
산딸기 퓨레 30㎖
카스카라 벌화분 시럽 15㎖(아래 참조)
달걀흰자 15㎖(선택)
페이쇼드 비터스 1대시

가니쉬

금가루
벌화분

카스카라 벌화분 시럽

벌화분 20g
광천수 500㎖
백설탕 500g
카스카라 50g
구연산 0.5g

카스카라 벌화분 시럽 : 커다란 냄비에 벌화분을 넣고 볶다가 나머지 재료를 넣고 끓인다. 설탕과 벌화분이 완전히 녹을 때까지 젓는다. 불을 끄고 식힌 다음, 고운체에 걸러서 병에 담는다. 냉장 보관하고 4주 안에 모두 사용한다.

칵테일 : 스템리스 와인 글라스에 커피 얼음을 넣는다. 남은 재료를 칵테일 셰이커에 넣고 각얼음을 담아서 흔든다. 걸러서 잔에 담는다. 가니쉬로 금가루와 벌화분을 올린다.

커피 여기서 커피는 다른 향미를 지원하는 역할이다. 그러니 진한 콜드브루라면 무엇이든 좋다. 나는 그냥 보관하면 상할 것 같은 콜드브루 원액을 커피 얼음으로 만들어 놓았다가 이런 음료에 넣어서 처리한다.

술 카샤사는 종류 상관없이 체리 히어링 리큐어와 잘 어울린다.

크래시 오브 스태그스

독한 커피와 술로 만든 칵테일을 큼지막한 잔에 담아 마시고 싶은 사람들을 위해 내 염원을 담아 거칠게 재해석한 에스프레소 마티니다. 잘 어울릴 것 같지 않은 술 두 가지가 들어가는데, 둘 다 상표에 든든한 수사슴이 있다. 나는 술병의 수사슴을 보면 숲에서 사냥을 즐기다가 캠프파이어를 하며 칵테일을 마시는 상상을 한다. 보드카 대신 글렌피딕 위스키를 넣어 맥아 향을 살리고 커피 리큐어의 자리는 예거마이스터의 자극적인 달곰쌉쌀한 맛으로 채운다. 에스프레소가 아닌 콜드브루 커피를 듬뿍 넣어서 커피의 존재감이 묻히지 않도록 한다. 아마 전체적인 맛에서 상당 부분을 차지할 것이다. 차갑게 식힌 록스 글라스에 콜라를 붓고 그 위에 칵테일을 따르면 향신료 가루로 덮인 표면 위로 두꺼운 거품과 향이 피어오른다.

콜라 15㎖
글렌피딕 12년산 35㎖
예거마이스터 22.5㎖
바나 탈린 리큐어 7.5㎖
콜드브루 커피 45㎖
팔각 1개
정향 3개
오렌지 제스트 1개(4cm)

가니쉬
계피 코코아 분말
팔각 1개

차가운 록스 글라스에 콜라를 따른다. 나머지 재료를 칵테일 셰이커에 넣는다. 각얼음을 담고 잘 흔든다. 걸러서 콜라 위에 붓는다. 가니쉬로 계피 코코아 분말을 뿌리고 팔각을 올린다.

 커피 들어가는 재료의 향이 원체 강하므로 커피 종류에 제약을 크게 받지 않는다. 진한 콜드브루로 도전하는 것을 추천한다.

술 예거마이스터와 몰트 위스키는 콜드브루와 찰떡궁합이다. 바나 탈린 리큐어는 향기로운 시트러스, 바닐라, 계피 향이 나는 에스토니아산 럼 베이스 리큐어다. 꼭 필요하지는 않으나, 다른 재료와 상당히 잘 어울린다. 없다면 쿠앵트로로 대체한다.

포비든 프루트

캐나다 바텐더 나나 쿠퍼톤이 월드 클래스 UAE에 도전할 때 만든 음료를 재해석한 과일 향 칵테일이다. 쿠퍼톤의 작품은 상당히 인상 깊었다. 커피의 미묘한 산미와 사과의 신맛이 잘 어울렸기 때문이다. 이 칵테일은 돈 훌리오 블랑코 테킬라의 진한 아가베 향과도 깔끔하게 어우러진다. 입안이 상쾌하게 비워질 정도로 청량감 넘치는 음료인데, 이러한 특징은 커피 칵테일에서 보기 어렵다.

돈 훌리오 블랑코 테킬라 45㎖
칼바도스 애플 브랜디 15㎖
직접 내린 에스프레소 30㎖
그린 애플 앤 레이즌 슈러브 15㎖
  (아래 참조)

가니쉬
말산, 꿀, 팝핑캔디
계피 분말 한 자밤과 황설탕을 뿌리고 토치로 캐러멜화한 그래니스미스 사과 1조각

그린 애플 앤 레이즌 슈러브
신선한 그래니스미스 사과즙 400㎖
썬메이드 건포도 80g
사과 식초 30㎖
라임즙 15㎖
정제당 200g

그린 애플 앤 레이즌 슈러브 : 살균한 병에 재료를 넣는다. 머들러로 건포도를 으깨면서 젓는다. 밀봉하고 설탕이 녹을 때까지 기다린다. 거름망(42쪽 참조)에 걸러서 병에 담는다. 냉장 보관하고 4주 안에 모두 사용한다.

스템드 글라스 : 가장자리를 말산, 꿀, 팝핑캔디로 덮고 안에 으깬 얼음을 담는다.

칵테일 : 재료를 칵테일 셰이커에 넣고 각얼음과 함께 섞는다. 차갑게 식힌 잔에 두 번 걸러서 담는다. 가니쉬로 사과 조각을 곁들인다.

 커피 좋아하는 에스프레소를 직접 내린다.

술 나나 쿠퍼톤의 원작에 충실하기 위해 돈 훌리오 블랑코 테킬라를 사용한다. 싱그러운 사과의 상큼함이 슈러브와 커피에 잘 어울린다.

어 보니 위 플립

크리스마스에 마시는 에그노그를 재해석한 칵테일이다. 스페이사이드 위스키와 크리스마스 민스파이 믹스의 조합이 내는 뛰어난 향미에 페드로 히메네스 셰리가 풍부한 향신료 향과 단맛을 가미하면서 전체적인 맛을 아우른다. 나는 자연 방목 유기농 달걀만 사용하며 깨기 전에 물로 깨끗하게 헹군다. 야무지게 휘저어야 노른자와 흰자가 골고루 섞인다. 영국식 크리스마스 민스파이를 잘 모르는 사람을 위해 첨언하자면, 이 파이에는 고기가 없다. 이름의 민스(고기나 채소를 얇게 저미거나 다지는 것을 말한다 - 옮긴이)는 뭉근하게 끓인 과일과 건포도, 오렌지 제스트, 계피, 정향 따위의 향신료를 다졌다는 뜻이다.

크리스마스 민스파이 스파이스드 위스키 45㎖(아래 참조)
콜드브루 커피 30㎖
페드로 히메네스 셰리 15㎖
달걀물 30㎖
라일스 골든 시럽 7.5㎖

가니쉬
구워서 으깬 아몬드
계피 분말

크리스마스 민스파이 스파이스드 위스키
스페이사이드 싱글 몰트 위스키 700㎖
크리스마스 민스파이 필링 200g

크리스마스 민스파이 스파이스드 위스키 : 민스파이 필링을 위스키에 넣고 우러나도록 잘 젓는다. 진공 포장하여 55℃의 온도에서 1시간 동안 수비드(204쪽 참조)한다. 식힌 다음, 거름망(42쪽 참조)에 걸러서 병에 담는다. 체에 남은 찌꺼기는 크리스마스 민스파이를 만들 때 사용해도 좋다.

칵테일 : 재료를 칵테일 셰이커에 넣고 각얼음과 함께 섞는다. 두 번 거르고 차가운 글렌캐런 글라스에 담는다. 가니쉬로 으깬 아몬드와 계피 분말을 뿌린다.

커피   말린 과일 향이 나는 미디움 바디드 콜드브루가 잘 어울린다.

술   글렌피딕 12년산이나 싱글톤 더프타운 12년산처럼 향이 강한 스페이사이드 싱글 몰트가 좋다.

크레마 드 라 크렘

이 책을 쓰도록 영향을 준 칵테일 중 하나다. 맛과 외관이 뛰어나기에, 내가 개발한 여러 커피 칵테일 레시피와 함께 세상에 알려서 다른 사람들이 더 참신한 칵테일을 떠올릴 수 있도록 영감을 주고 싶었다. 벨벳처럼 부드럽고 풍부하면서도 개성 있는 맛이다. 럼, 블랙베리, 과테말라 커피, 구운 치아시드, 비터스, 카카오가 조화롭게 어울린다.

론 자카파 23 럼 45㎖
다크 크렘 드 카카오 10㎖
콜드브루 커피 35㎖
구운 치아시드와 블랙베리 시럽 20㎖
　(아래 참조)
초콜릿 비터스 1대시
아로마틱 비터스 1대시

가니쉬
블랙베리
다크 초콜릿 플레이크
식용 금가루
향신료 믹스 분말(아래 참조)

구운 치아시드와 블랙베리 시럽
치아시드 50g
백설탕 250g
으깬 블랙베리 400g(대략 2바구니)

향신료 믹스
바닐라 빈 분말 1
계피 분말 1
생강 분말 ¼
육두구 분말 ¼

구운 치아시드와 블랙베리 시럽 : 치아시드를 갈아서 뜨거운 프라이팬에 가볍게 볶는다. 백설탕을 넣고 물 250㎖를 부어서 끓을 때까지 기다린다. 으깬 블랙베리를 넣고 젓는다. 끓는 순간부터 12분간 졸인다. 고운체로 거르고 식힌다. 살균한 유리병에 담고 냉장 보관한다. 3주 안에 모두 사용한다.

향신료 믹스 : 재료를 넣고 잘 섞는다.

칵테일 : 커다란 각얼음 하나를 올드 패션드 글라스에 넣는다. 재료를 칵테일 셰이커에 넣고 각얼음과 함께 잘 흔든 다음, 두 번 걸러 잔에 담는다. 가니쉬로 마무리한다.

 커피　진한 초콜릿 향이 나는 풀 바디드 콜드브루가 제일 낫다. 나는 과테말라산 아라비카 원두를 사용하는데, 내가 좋아하는 론 자카파 23과 무척 잘 어울린다.

술　솔레라 시스템으로 숙성하여 깊고 풍부하며 복합미가 넘치는 론 자카파 23이 주인공이다.

피넛 버터 아이리시

적당한 시간과 장소에서 즐기는 잘 만든 아이리시 커피는 최고의 칵테일이라고 생각한다. 그러나 태양이 혹독하게 내리쬐는 두바이에서는 마실 기회가 거의 없었다. 따라서 더운 날에 마시기 좋은 차가운 버전을 고안했다. 또한 아이리시 위스키에 땅콩버터를 가미해 풍부한 견과 향 크림을 함께 즐기게끔 했다.

땅콩버터를 가미한 아이리시 위스키 60㎖
　(아래 참조)
콜드브루 커피 90㎖
2:1 비율 삼온당 시럽 15㎖(55쪽 참조)
베일리스 크림 90㎖(아래 참조)

가니쉬

계피 분말
원두

땅콩버터를 가미한 아이리시 위스키

100% 무염 땅콩버터 150g
아이리시 위스키 1ℓ

베일리스 크림(4인분)

베일리스 아이리시 크림 60㎖
휘핑크림 310㎖

땅콩버터와 위스키를 커다란 진공팩에 넣고 밀봉한다. 55℃로 3시간 동안 수비드로 조리한다(204쪽 참조). 식힌 다음, 팩을 열고 고운체에 걸러서 커다란 병에 담아 냉동실에 넣는다. 기름이 얼 때까지 기다렸다가 고운 면직물에 걸러서 기름을 제거하여 다른 병에 담고 라벨을 붙인다. 기름기가 약간 남아도 좋다. 나중에 넣을 크림과 잘 어울린다. 기름이 너무 많다면 다시 걸러서 얼린 다음 커피용 종이 필터에 통과시킨다.

베일리스 크림 : 베일리스 아이리시 크림을 휘핑크림에 넣는다. 섞어서 냉장 보관한다.

칵테일 : 베일리스 크림을 제외한 재료를 칵테일 셰이커에 넣는다. 흔들어서 거른 다음, 차갑게 식힌 록스 글라스에 담는다. 베일리스 크림을 올리고 가니쉬로 마무리한다.

 커피　초콜릿 향이 나는 콜롬비아, 과테말라, 브라질 원두로 내린 커피가 위스키와 궁합이 좋다. 7:1로 추출하여 사용하거나(40~43쪽 참조) 진하게 내린 원액 60㎖에 물 30㎖를 넣어 희석한 용액을 넣는다.

술　좋아하는 입문용 아이리시 위스키를 선택한다.

카페인 카니발

칵테일을 제조하고 마시는 이유는 단 하나다. 바로, 재미있는 시간을 보내기 위해서다. 그러니 가끔은 따분한 규칙 따위는 잊고 그냥 즐길 줄도 알아야 한다. 이 엉뚱한 칵테일은 손님이 먹고 마시면서 어린 시절로 돌아간 기분을 느끼게끔 고안한 작품이다. 계피 크로넛 콘은 내부를 다크 초콜릿으로 코팅해서 안의 술이 밖으로 새지 않도록 했다. 입이 닿는 부분에도 초콜릿과 사탕가루가 있다. 어른의 취향에 맞도록 바닐라 보드카, 베일리스 아이리시 크림, 에스프레소, 우유를 섞었으니 얼른 입에 넣지 않고서는 못 배길 것이다.

계피 크로넛 콘
녹인 다크 초콜릿
사탕가루
바닐라 보드카 45㎖
베일리스 아이리시 크림 15㎖
에스프레소 30㎖
우유 80㎖

가니쉬
바닐라 빈 분말

크로넛 콘 : 안에 녹인 다크 초콜릿을 붓고 식혀서 방수 처리한다. 사탕 조각을 담은 통에 위쪽 테두리를 담갔다가 뺀다.

칵테일 : 나머지 재료를 칵테일 셰이커에 넣고 흔든다. 걸러서 콘에 담는다. 가니쉬로 바닐라 빈 분말을 뿌린다.

 커피 무난한 에스프레소와 콜드브루 모두 잘 어울린다. 에스프레소를 사용하면 쓴맛이 콘의 단맛을 잡아주는 효과를 볼 수 있다.

술 바닐라 보드카라면 전부 괜찮다.

페루비안 사워

처음에는 커피와 레몬이 같이 들어가면 불협화음을 내리라고 생각했다. 하지만 균형만 잘 맞추면 커피의 산미가 레몬과 완벽하게 어울린다는 사실을 알아냈다. 페루비안 사워는 고된 일을 하는 페루의 커피 농부들이 주로 마시는 피스코 사워라는 전통 칵테일을 보고 영감을 받아 만들었다. 피스코 사워는 자색 옥수수를 파인애플, 계피, 정향, 설탕과 함께 끓여 만든 페루식 음료인 치차모라다와 커피를 섞어 마시는 술이다.

피스코 60㎖
치차모라다 커피 시럽 22.5㎖(아래 참조)
신선한 레몬즙 30㎖
달걀흰자 20㎖(채식주의자라면 병아리콩 물로 대체)

가니쉬

커피와 바닐라 비터스 미스트

치차모라다 커피 시럽

페루산 원두를 케멕스로 내린 커피 1ℓ
물 1ℓ
말린 자색 옥수수 500g
파인애플 껍데기, 파인애플 심지 2개씩
통계피 4개
정향 ½테이블스푼
깍둑썰기한 그래니스미스 사과 1조각
그래뉴당 200g

치차모라다 커피 시럽 : 재료를 냄비에 넣고 가열한다. 끓으면 45분간 졸인 다음, 걸러서 살균한 병에 담는다. 냉장 보관하고 2주 안에 모두 사용한다.

칵테일 : 재료를 칵테일 셰이커에 넣는다. 각얼음과 함께 흔든 다음, 두 번 걸러서 차갑게 식힌 잔에 낸다. 가니쉬로 마무리한다.

커피 페루산 커피를 사용하는 이유는 나머지 재료의 애국심에 초를 치기 싫어서다.

술 퀘브란타 포도를 주로 사용한 페루산 피스코가 좋다. 카라베도를 예로 들 수 있겠다. 흙, 말린 과일, 은은하게 쓴 정향이 커피와 무난하게 어울린다. 무스카텔 포도를 위주로 담은 피스코는 꽃 향이 강하므로 커피와는 잘 맞지 않는다.

티라미수 젤라토

이탈리아의 전통 후식 티라미수는 커피와 술의 궁합이 좋다는 사실을 입증하는 적절한 예시다. 1980년대부터 지금까지 바텐더들이 기존의 칵테일을 재해석한 레시피를 발표할 때 자주 나오는 재료기도 하다. 브랜디 알렉산더의 변형인 티라미수 젤라토는 에스프레소, 베일리스, 커피 리큐어, 브랜디를 섞고 걸러서 마르가리타 글라스에 담아 코코아 분말을 뿌린 간단한 칵테일이다. 저녁 식사를 마치고 내놓으면 손님에게 강한 인상을 남길 수 있다. 나는 원작의 특징을 더 살리는 방향으로 수정을 가했다.

VS급 코냑 40㎖
콜드브루 커피 30㎖
베일리스 아이리시 크림 15㎖
커피 리큐어 7.5㎖
카카오 비터스 3대시
티라미수 아이스크림 1스쿱(197쪽 참조)

잔 장식

크렘 드 카카오 리큐어
코코아 분말

안주

레이디핑거(선택)

잔 : 커다란 마르가리타 글라스 바깥에 크렘 드 카카오 리큐어를 뿌리고 코코아 분말로 덮는다.

칵테일 : 티라미수 아이스크림을 한 숟가락 떠서 마르가리타 글라스에 담는다. 나머지 재료를 칵테일 셰이커에 넣고 각얼음과 함께 흔든 다음, 두 번 걸러 잔에 붓는다. 레이디핑거와 함께 낸다. 숟가락을 올려도 무방하다.

 커피 향미가 강하고 초콜릿 향이 나는 에스프레소라면 전부 잘 어울린다.

술 VS급 코냑이나 괜찮은 수준의 브랜디를 넣으면 베일리스, 비터스, 커피와 궁합이 맞다.

2

핫

커피는 원래 따뜻하게 먹어야 제맛이다. 그런데 아이리시 커피나 베일리스 커피를 제외하면, 뜨거운 칵테일은 인기가 없는 편이다. 핫 칵테일은 과소평가받고 있다. 제대로만 조제하면 하나의 예술 작품처럼 기분을 끌어올리고 속을 따뜻하게 데우는 음료인데 말이다. 열이 향미와 향을 극대화하므로 마시는 즐거움이 있다. 하지만 온도를 적절하게 맞추는 작업이 몹시 중요하다. 너무 뜨거우면 재료가 과하게 익어버리고 질감이 단순해지며 시음자의 입술에 화상을 입힌다. 그렇다고 필요 이상으로 차갑게 만들면 본연의 맛을 내지 못할 뿐 아니라, 향미와 향이 줄어들고 음료가 혀를 간지럽히면서 느껴지는 부드럽고 따뜻한 느낌이 사라진다.

바텐더의 팁

- 음료를 준비하는 동안 뜨거운 물로 잔을 데운다.
- 꼭 뜨거운 물을 넣어서 음료의 온도를 높일 필요는 없다. 창의력을 발휘하라. 예를 들면, 가스버너로 가열한 프라이팬, 로거헤드, 스팀 완드를 사용하거나 블레이징을 해도 된다.
- 중요한 안전 수칙 : 블레이징을 할 때는 조심하라! 먼저 찬물로 연습한다. 2개의 저그를 준비하라. 저그 하나를 어깨높이로 들고 다른 저그에 찬물을 따른다. 아래쪽 저그는 기울여서 액체가 계속 섞이게끔 한다. 숙달되면 끓는 물로 넘어간다. 불 쇼 준비가 끝났다면 바에서 주변이 탁 트인 곳에 자리를 잡는다. 다른 직원과 부딪힐 일이 없고 불이 붙은 술을 엎질러도 쉽게 수습할 수 있는 장소를 찾으면 된다. 저그를 너무 차갑게 식히지 않도록 주의하고 한 저그에 담긴 음료를 전부 다른 저그로 옮기면 불이 빨리 꺼진다는 사실을 기억하라. 강한 공기의 흐름이나 에어컨에서 나오는 바람이 돌발 상황을 일으킬 수 있다는 사실도 명심한다. 불이 나거나 손에 화상을 입으면 사용할 수 있도록 젖은 행주를 준비한다.

아이리시 커피

샌프란시스코의 부에나 비스타 카페는 1952년 미국에 아이리시 커피를 퍼뜨린 곳으로 유명하다. 여행 작가 스탠튼 델라플레인은 환승 비행기를 타러 들른 아일랜드 섀넌공항에서 이 음료를 처음 마셨는데, 미국으로 돌아온 이후 당시 마신 칵테일을 재현하기 위해 부에나 비스타 카페와 손을 잡는다. 스탠튼과 부에나 비스타 카페는 음료 위에 크림을 깔끔하게 올리기 위해 엄청난 연구를 한 끝에 설탕을 첨가하는 것이 비법이라는 사실을 깨달았다. 스탠튼은 자신이 기고하는 여행 칼럼에 아이리시 커피를 자주 언급하면서 많은 사람에게 칵테일의 존재를 알렸고 부에나 비스타 카페는 날마다 떼를 지어 모여드는 관광객을 접객하기 위해 음료를 다소 독특한 방향으로 개선했다. 전하는 바로는 메뉴 개시 이후 3,000만 명에게 아이리시 커피를 팔았다고 한다! 하지만 샌프란시스코 밖의 지역에서 아이리시 커피는 수십 년간 비주류였다. 물론 뉴욕의 더 데드 래빗 그로그 앤 그로서리에서 정교하게 조제한 아이리시 커피를 특별 주문 제작한 잔에 판매하기 전의 이야기다. 곧 세계 최고의 아이리시 커피라는 평이 쏟아졌으며, 아이리시 커피는 다시 한 번 세간의 관심을 받았다.

각설탕 1개 혹은 백설탕 1티스푼
아이리시 위스키 45㎖
뜨거운 에스프레소 커피, 아메리카노, 롱블랙 중 하나 150㎖
더블 크림이나 헤비 크림 75㎖

가니쉬
육두구 분말(생략하는 사람도 많지만, 복합 미와 향을 더하므로 뿌리는 것을 추천한다)

고블릿 글라스를 데운다. 재료를 잔에 넣는다. 커피와 위스키에 설탕을 넣고 저어서 확실하게 녹인다. 질 좋은 크림을 걸쭉하되, 흐르는 듯한 질감은 남아 있을 만큼 잘 흔들어서 조심스럽게 음료 위로 올린다. 취향에 따라 가니쉬로 육두구 분말을 뿌린다.

 커피 보통 묵은 필터 커피나 에스프레소를 사용한다. 당연한 말이지만, 좋은 커피를 쓸수록 결과물도 맛있다.

술 부에나 비스타 카페는 내가 좋아하는 탈라모어 듀를 넣는다. 하지만 다른 질 좋은 아이리시 위스키로 대체해도 웬만해서는 실패하지 않는다.

켄터키 커피

이 따스한 커피 칵테일의 레시피는 지난 몇 년간 조금씩 변했다. 지금까지 여러 바에서 근무하는 동안 추운 겨울에 냈을 때 만족하지 않는 손님이 없었던 음료이자, 내가 가장 좋아하는 칵테일이다. 다른 바에 갔을 때도 주방에 쳐들어가 직접 한 잔 타서 마시고 싶다는 충동이 들 정도다. 만들기도 쉽고 웬만한 바라면 다 있을 법한 재료만 들어간다. 내가 일하는 바의 손님 사이에서는 핫 에스프레소 마티니로 통한다. 하지만 나는 살짝 변형한 아이리시 커피에 더 가깝다고 생각한다.

버번 40㎖
다크 크렘 드 카카오 10㎖
에스프레소 35㎖
메이플 시럽 10㎖
카카오 비터스 1대시
버터스카치 크림 90㎖(아래 참조)

가니쉬
다크 초콜릿 1조각
계피 분말

버터스카치 크림(3인분)
휘핑크림 270㎖
버터스카치 리큐어 15㎖

버터스카치 크림 : 소스통에 크림을 넣고 버터스카치 리큐어를 붓는다. 걸쭉해질 때까지 흔든다.

잔 : 다크 초콜릿 뒷면을 라이터로 약간 데운다. 마티니 글라스 옆면에 눌러서 붙인다.

칵테일 : 나머지 재료를 보스턴 글라스에 담고 커피 머신의 스팀 완드로 끓기 직전까지 데운다. 실온의 마티니 글라스에 담는다. 버터스카치 크림을 올리고, 가니쉬로 계피 분말을 뿌린다.

커피 집에서 내린 에스프레소가 좋다.

술 불릿 버번을 선호한다. 호밀 함량이 높아 견과 향이 강하고 메이플 시럽, 커피, 카카오 비터스와 잘 어울리기 때문이다.

진저넛 라테

내 친구를 위해 개발한 칵테일이다. 친구가 집에서 네스프레소 머신을 이용해 따뜻하고 맛있는 음료를 내려 마시면서 밤을 평온하게 보내기 바랐다. 물론, 클래식 에스프레소 머신과 스팀 완드로도 만들 수 있다. 귀리 우유를 넣으면 생강과 위스키와 상당히 잘 어울린다. 없다면 아무 우유나 넣어도 무방하다. 아몬드 우유, 캐슈 우유, 두유, 일반 우유 정도가 무난하겠다.

위스키 45㎖
골든 시럽 10㎖
귀리 우유 120㎖
말린 생강 분말 ½티스푼
계피 분말 1대시
네스프레소 커피 1샷

가니쉬

생강 쿠키 부스러기
안주로 곁들일 생강 쿠키(선택)

커피를 제외한 모든 재료를 네스프레소 에어로치노 우유 거품기에 넣고 데운다. 온도가 올라가는 동안 네스프레소 머신에서 샷을 추출하고 커피잔에 따른다. 넓은 잔을 써야 쿠키를 적시기 편하다.

우유가 적당히 데워지면 커피 위에 붓는다. 가니쉬로 생강 쿠키 부스러기를 올리고, 취향에 따라 생강 쿠키를 곁들인다.

 커피 네스프레소 파드 중에서 아무 제품이나 사용해도 무방하지만, 리반토나 카프리치오처럼 질감이 가벼운 종류를 추천한다. 내가 레시피를 선물한 친구는 향이 강한 파드를 주로 사용하며, 가끔 디카페인 파드로 내린 커피로 만들 때도 있다.

술 블렌디드 스카치 위스키를 따라올 경쟁자는 없다고 본다.

갓파더 아포가토

유서 깊은 이탈리아 디저트를 호화롭게 변형한 칵테일이다. 돈 콜레오네도 만족할 것이다. 맛이 좋고 만들기 쉬우므로 디너 파티에서 분위기를 띄우려는 사람이라면 반드시 배우기 바란다.

자발리오네 젤라토 1스쿱(달걀노른자와 마르살라 와인으로 만드는 이탈리아식 아이스크림. 바닐라 빈 같은 재료로 대체할 수 있다)
조니워커 골드 라벨 리저브 위스키 30㎖
아마레토 15㎖
에스프레소 30㎖

가니쉬
으깬 비스코티
계피 분말

잔 : 젤라토를 스니프터나 커피잔에 한 스쿱 담는다.

칵테일 : 나머지 재료를 네스프레소 에어로치노 우유 거품기에 넣고 빨간색 버튼을 누르거나 에스프레소 머신의 스팀 완드를 사용해서 데우고 섞는다. 젤라토 위에 붓는다. 가니쉬로 비스코티와 계피 분말을 뿌린다.

 커피   집에서 내린 에스프레소라면 다 괜찮다. 늦은 밤에 즐길 생각이라면 디카페인 커피를 넣어도 무난하다.

술   조니워커 골드 라벨은 부드럽고 달콤하다. 좋은 품질의 아마레토와 잘 어울린다.

B52 핫 샷

핫 샷(갈리아노, 뜨거운 커피, 휩트크림)은 1990년대 스키 리조트에서 꽤 인기 있는 슈터였다. 2007년, 나는 퀸스타운(스키장이 많은 뉴질랜드의 도시)에서 일하면서 자연스럽게 나만의 레시피를 개발할 필요성을 느꼈다. 간단히 소개하자면, 핫 샷과 B52를 합쳐서 재해석한 음료다. 맛이 좋고 안에서부터 따뜻해지는 기분을 느낄 수 있다.

베일리스 15㎖
그랑 마니에르 10㎖
막 내린 따뜻한 에스프레소 15㎖
VS급 코냑 5㎖

먼저 베일리스를 잔에 담는다. 그래야 뒷맛이 깔끔하다. 그랑 마니에르와 커피를 붓는다. 곧 섞이는 모습을 볼 수 있다. 코냑을 부어서 마무리한다.

커피 집에서 내린 에스프레소를 사용한다. 나는 칵테일은 보통 한 번에 두 잔만 조제하므로, 에스프레소를 한 잔 뽑아서 반씩 나누어 넣으면 딱 맞다. 하우스 파티에서 프렌치 프레스나 스토브탑 모카 포트로 내려서 대접한 적도 있다.

술 코냑을 더하면 향미와 도수가 강해진다. 골드 럼이나 버번 역시 잘 어울린다.

위스키 푸어 오버

V60이나 케멕스 같은 푸어 오버 추출법은 원두의 미묘한 향미를 부드럽게 녹여내므로 싱글 오리진 커피의 세밀한 특징을 살리기 적합한 방식이다. 물론 칵테일 조제에도 어울린다고 보기는 어렵지만, 원한다면 여러 방법으로 응용할 수 있다. V60 커피의 특성을 원하는 증류주와 조합하고 싶다면 다음의 간단한 방법을 참고하라. 이번 레시피에서는 위스키를 넣는다. 나는 V60 커피를 마실 때 절대 설탕을 넣지 않는다. 하지만 증류주를 섞어서 즐길 때는 어떤 형태든 설탕을 첨가해야 커피와 술의 맛을 아우르고 질감의 균형을 다듬을 수 있다. 위스키 푸어 오버는 따뜻하고 복합미가 넘치며 기운을 북돋는 음료다. 증류주를 종이 필터로 거르면 몇 가지 장점이 사라질 수 있으니 가능하면 피한다.

신선한 싱글 오리진 원두 가루 15g
위스키 90㎖
메이플 시럽 22.5㎖
뜨거운 물(95℃) 250㎖

가니쉬

그을린 오렌지 제스트 잔당 1개

주전자로 끓인 물을 필터를 통해 저그에 내린다. 필터를 씻고 저그를 데우는 작업이다. 잔에도 물을 조금씩 따라서 예열한다. 저그의 물을 버린다.

신선한 원두 가루를 필터에 담는다. 위스키와 시럽을 저그에 붓고 필터 아래에 놓는다. 물을 천천히 같은 속도로 원을 그리면서 붓고 커피가 완전히 추출될 때까지 기다린다. 잔에 부었던 더운물을 버리고 저그의 칵테일을 담는다. 가니쉬로 오렌지 제스트를 올린다.

 커피 좋아하는 싱글 오리진 커피로 도전한다. 섞으려는 다크 스피릿과 어울리는 종류로 선택하라.

술 아메리칸 위스키가 커피와 잘 어울린다고 생각한다. 메이커스 46은 실패의 여지가 없다.

더치 커피

아이리시 커피를 단순하지만 재미있게 재해석한 칵테일이다. 묵은 예네버르, 계피 향 스페큘러스 리큐어, 콜드 드립 커피 그리고 오래전 명성을 날리던 동인도 회사에서 금보다 귀하다고 여긴 육두구를 사용한다.

예네버르 45㎖
스페큘러스 리큐어 15㎖
콜드 드립 커피 60㎖
카카오 비터스 1대시
버터스카치 크림 60㎖(96쪽 참조)

가니쉬
다크 초콜릿과 육두구 분말
스트룹와플

잔 : 스템드 글라스를 뜨거운 물로 데운다. 증기를 머금어 부드러워지도록 스트룹와플을 잔 위에 올린다.

칵테일 : 버터스카치 크림을 제외한 모든 재료를 보스턴 글라스에 넣는다. 커피 머신의 스팀 완드로 끓기 직전까지 가열한다.

서빙 : 잔의 물을 비우고 칵테일을 붓는다. 버터스카치 크림을 올리고, 가니쉬로 초콜릿과 육두구 분말을 뿌린다. 스트룹와플을 잔 위에 올려서 부드러워질 때까지 기다렸다가, 칵테일에 찍어서 함께 즐긴다.

 커피 맥아, 곡물, 견과 향이 강한 원두를 중간 크기로 갈아서 내리는 것을 추천한다. 나는 인도네시아산 버번 종류를 사용한다.

술 묵은 예네버르는 흙과 맥아 향이 강하여 커피나 향신료와 잘 어울린다. 네덜란드에서는 괜찮은 스페큘러스 리큐어를 쉽게 구할 수 있다. 여건이 안 된다면 계피 향 리큐어나 시럽으로 대체한다.

멕시칸 모카

아이리시 커피를 변형한 음료다. 멕시코 와하카를 여행하다가 영감을 얻어 개발했다. 와하카는 메스칼의 본고장이자 독특한 전통 초콜릿 사용법을 엿볼 수 있는 도시다. 몰레(짭짤한 소스)의 도시로도 잘 알려져 있는데, 카카오와 향신료를 넣은 몰레 네그로가 제일 유명하다. 몰레처럼 명성이 자자하지는 않지만, 꽤 놀라운 음식이 바로 와하카의 마시는 초콜릿(109쪽 사진)이다. 마을 시장으로 가면 만드는 모습을 볼 수 있는데, 구운 카카오 열매를 갈고 설탕과 향신료와 섞어서 육면체 반죽을 만든 다음, 찬물이나 더운물 혹은 우유에 넣고 모리닐로라고 부르는 와하카식 스위즐 스틱으로 으깨서 녹이면 특유의 향이 나는 초콜릿 음료가 탄생한다.

레포사도 테킬라 40㎖

메스칼 5㎖

스파이스드 커피 리큐어 15㎖

아가베 시럽 5㎖

아몬드와 계피가 들어간 와하카산 세미 아마르고 초콜릿(혹은 코코아 분말)

끓는 물 90㎖

바닐라 크림 60㎖(크림 100㎖에 바닐라 추출물 5㎖를 섞어서 만든다)

가니쉬

저민 다크 초콜릿

잔 : 스템드 커피 글라스와 믹싱 글라스에 뜨거운 물을 부어 예열했다가, 잔을 비운다.

칵테일 : 끓는 물과 바닐라 크림을 제외한 모든 재료를 믹싱 글라스에 넣는다. 모리닐로를 사용해서 초콜릿을 으깨고 녹을 때까지 젓는다. 뜨거운 물을 붓고 빠르게 휘저은 다음, 미리 예열해놓은 커피잔에 따른다. 크림을 올리고, 가니쉬로 다크 초콜릿을 올린다.

 커피 커피 리큐어(186~187쪽 참조)는 직접 만들어 사용하되, 기주는 실버 1800 테킬라를 넣는다. 여기에 바닐라, 칠리 분말, 아가베 시럽, 멕시코산 싱글 오리진 콜드브루 커피를 더한다. 원한다면 미스터 블랙이나 퀵 브라운 팍스 같은 고품질의 커피 리큐어로 대체하고 자신만의 향신료를 첨가해도 좋다.

술 반드시 고급 테킬라와 장인의 연기 향이 밴 메스칼을 써야 한다. 바닐라와 오렌지 향이 풍부한 1800 레포사도 같은 테킬라와 델매기 비다 혹은 마카 네그라 에스파딘 같은 연기 향의 메스칼을 선택한다.

캠프파이어 모카

핫 초콜릿을 재미있게 재해석한 칵테일이다. 숲의 야영지에서 긴 하루를 마무리하던 날에 개발했으며 캠핑에서 만들기 좋다. 친구와 모닥불을 끼고 앉아 즐기기에 제격이므로, 나는 2인분 이상 제조하여 병에 담아서 따라 마시는 것을 선호한다. 집의 부엌이나 바에서 커피 머신의 스팀 완드로 데우고 섞으면 훨씬 편하게 만들 수 있다. 하지만 눈에 연기가 들어가고 모기에게 팔을 물어뜯기면서 마셔야 제맛이 난다!

2인분

뜨거운 우유 400㎖
캐나디안 위스키 90㎖
무설탕 다크 초콜릿 분말 혹은 코코아 2테이블스푼
메이플 시럽 30㎖
콜드브루 커피 80㎖

가니쉬/안주

구운 마시멜로

모든 재료를 병에 담는다. 잘 흔든 다음, 불에 올린 프라이팬에 붓는다(태우면 안 된다!). 뜨거워지면 포크로 저어서 캠핑 머그잔에 담는다. 커다란 마시멜로를 구워서 곁들이면 금상첨화다.

 커피 콜드브루를 사용한다. 캠핑 갈 때 힙 플라스크에 넣으면 편하게 휴대할 수 있기 때문이다. 하지만 에스프레소나 스토브탑 모카 포트로 내린 커피도 괜찮다.

술 크라운 로열이나 캐나디언 클럽처럼 독하지 않은 위스키를 선택해야 커피와 초콜릿에 잘 어울린다.

테이스트 오브 아라비아

우리가 아는 커피 추출법은 15세기경 아라비아만 남쪽에 있는 예멘에서 유래했다. 예멘의 아랍인은 커피를 마시면 힘이 솟으며 늦은 밤까지 자지 않고 기도할 수 있다는 사실을 깨달았다. 당시 고안한 추출법은 곧 중동을 거쳐 북쪽으로 퍼졌고, 오늘날까지 사용하고 있다. 지금은 방식이 여러 가지로 나뉘었지만, 아랍인은 예로부터 향미가 강하고 쓴 커피를 선호했으며, 필터를 사용하거나 단맛을 내지 않았다. 보통 카다몬 향을 입힌 커피에 대추야자처럼 달콤한 말린 과일을 곁들였다. 두바이에 살면서 나는 옛날식 커피에 빠졌는데, 다음은 내가 좋아하는 전통 추출법에 현지의 맛을 추가해서 맛의 복합미를 높인 레시피다.

4인분

구운 잣을 우려낸 보드카 200㎖(아래 참조)
아라크 10㎖
더 비터 트루스 아로마틱 비터스(강한 정향 맛) 2대시
대추야자 시럽 60㎖
아랍식 커피 300㎖
카다몬 꼬투리 4개를 으깨서 섞은 아랍식 크림(아래 참조)

구운 잣을 우려낸 보드카

보드카 1ℓ
살짝 구워서 으깬 잣 200g

아랍식 크림

휘핑크림 100㎖
등화수 2방울
사프란 4가닥

안주

말린 과일

구운 잣을 우려낸 보드카 : 잣을 보드카에 넣고 24시간 동안 향을 우린다. 거름망(42쪽 참조)이나 고운 면직물로 거른다.

아랍식 크림 : 등화수와 사프란을 크림에 넣고 2시간 동안 향을 우린다.

칵테일 : 위에서부터 4개의 재료를 달라(아랍식 커피포트)에 넣고 커피를 내릴 동안 다른 곳에 치워둔다.

커피 : 냄비에 물 360㎖를 붓고 가스 불에 올린다. 으깬 카다몬을 넣고 곱게 분쇄한 예멘 혹은 에티오피아산 아라비카 다크 로스트 원두를 50g 투입한다. 잘 저은 다음, 중간 불로 가열한다. 끓어오르면 냄비를 불에서 내린다. 다시 젓고 같은 과정을 두 번 더 반복한다. 이제 1분간 식히면서 침전물이 가라앉을 때까지 기다린 다음, 달라에 붓는다(거름망은 쓰지 않는다). 힘차게 저어서 잘 섞은 다음, 작은 컵에 붓고 크림을 올린다. 말린 과일을 곁들여 낸다.

 커피   예멘 혹은 에티오피아산 다크 로스트 아라비카로 내린다.

술   원하는 보드카에 잣을 넣고 우려서 사용한다. 아라크는 아니스씨 향이 나는 중동의 전통 술이다.

임페리얼 커피

로열 벨기안 밸런스 사이펀을 사용하면 손님과 쌍방향 소통을 유도할 수 있으며, 테이블에서 커피를 내릴 경우 이러한 효과가 극대화된다. 바쁜 바에서는 실용성이 떨어지지만, 적절한 상황에서는 특별한 서비스를 제공할 수 있다. 부드럽고 따뜻한 향이 나므로 추운 겨울밤을 함께하는 연인이나 친구에게 대접하기 좋다.

묵은 럼 90㎖
둥글게 썰어서 말린 오렌지 2조각
말린 무화과 1개(잘게 썰어 사용한다)
신선한 생강 1조각
감초 뿌리 2.5cm
신선한 분쇄 커피 16g
물 210㎖
2:1 비율 꿀 시럽 30㎖

가니쉬

말린 오렌지 ½조각
감초 뿌리

럼, 과일, 생강, 감초, 커피를 사이펀에 담는다. 물과 꿀 시럽을 금속 챔버에 넣는다.

불을 붙이고 물과 꿀이 끓어서 반대편으로 넘어갈 때까지 기다린다. 끓으면 15초 뒤에 불을 끈다. 과일과 향신료만 남기고 모든 액체가 다시 금속 챔버로 돌아온다.

스템드 글라스에 낸다. 가니쉬로 말린 오렌지 조각과 감초 뿌리를 넣는다.

 커피 케멕스로 추출할 때처럼 중간 크기로 간 원두를 사용한다. 허니 프로세싱한 니카라과산 원두처럼 오렌지 향이 나는 종류가 잘 어울린다.

술 미디움 바디드 골드 럼을 좋아한다. 마운트 게이 이클립스, 마투살렘 클라시코, 바카디 8년산, 론 자카파 앰버 정도가 있겠다.

카페 브륄로 디아볼릭

카페 브륄로는 '유혹적으로 태운 커피' 정도로 번역할 수 있다. 보통 식사 이후에 뜨겁게 마시는 커피이며 유서 깊은 전통을 자랑한다. 뉴올리언스에 있는 앙트완즈 레스토랑의 창립자 아들인 줄스 알셔토르가 개발한 음료인데, 오늘날에도 여전히 손님의 경외 어린 시선을 받으며 팔리고 있다. 바텐더가 체이핑 디시에서 퍼낸 음료에 불을 붙인 다음, 기다란 나선 모양으로 깎아 정향을 박은 오렌지 껍질에 붓는 모습은 정말 장관이다. 이러한 과정은 껍질의 오일을 캐러멜화하고 정향을 익혀 음료와 주변에 멋진 향을 퍼트리는 효과가 있다. 일반인이 만들기에는 까다롭고 위험하니 전문가에게 맡기는 편이 좋다. 도전할 생각이라면, 바나 주방의 안전한 자리에서 연습하고 엄한 곳에 옮겨붙은 불꽃을 끄거나 화상 입은 손가락을 달랠 수 있도록 젖은 행주를 옆에 두기 바란다.

브랜디 200㎖
프렌치 프레스 커피 400㎖
오렌지 퀴라소 125㎖
설탕 3티스푼
레몬 제스트 1개
계피 스틱 1개
나선 모양으로 깎은 오렌지 껍질 1개와
　정향 8~10개

가니쉬
정향을 박은 오렌지 제스트

커피와 오렌지 껍질을 제외한 모든 재료를 소스 팬이나 체이핑 디시에 넣고 가열한다. 볶음스푼으로 저어서 설탕을 녹인다. 어느 정도 뜨거워지면 불이 붙는다.

액체에 불이 붙으면 긴 포크나 집게로 오렌지 껍질을 잡고 음료 위로 들어 올린다. 국자로 불타는 음료를 떠서 껍질에 다섯 번 부어 향신료를 태우고 오렌지 껍질의 오일을 캐러멜화한다. 끝나면 오렌지 껍질을 음료에 떨어뜨린다.

뜨거운 커피를 부어서 불을 끈다. 국자로 음료를 떠서 작은 커피 컵이나 튼튼한 스템드 글라스에 담는다. 가니쉬로 정향을 박은 오렌지 제스트를 넣는다.

커피 풀 바디드 프렌치 프레스 혹은 필터 커피가 적당하다.

술 질이 무난한 브랜디나 코냑이 잘 어울린다. 너무 오래 태워서는 안 된다. 오렌지 퀴라소가 없다면 쿠앵트로나 그랑 마니에르로 대체한다.

멕시칸 블레이저

1862년, 블루 블레이저는 전설적인 제리 토마스 교수가 펴낸 최초의 칵테일 책 『바텐더의 지침(The Bartenders Guide)』을 통해 처음으로 이름을 알렸다. 플레어 바텐딩에 관한 최초의 기록물인데, 2개의 금속 맥주잔으로 불이 붙은 칵테일을 따르면서 묘기를 선보이는 제리 토마스의 그림이 있다. 솔직히 말해서, 원작 레시피가 대단히 맛있는 것은 아니다. 하지만 약간만 수정하면 다양하고 괜찮은 풍미를 낼 수 있다. 멕시코식 향미를 제대로 살리고 싶다면 내 레시피를 따르면 된다(여기에 버터 조각이나 마스카르포네를 섞어 핫 버터드 럼 칵테일처럼 만들면 이탈리아와 멕시코의 맛을 동시에 즐길 수 있다). 블레이저는 난이도가 상당히 높으며 연습하기 위험하다(아래의 안전 수칙 참조). 하지만 조심해서 제대로 만들면 추운 날 즐기기에 완벽한 음료가 탄생한다.

카흐 레포사도 테킬라 60㎖
쿠앵트로 10㎖
끓는 물 20㎖
아가베 넥타르 10㎖
에스프레소 30㎖
블랙 월넛 비터스 1대시
향신료 분말 한 자밤

가니쉬
오렌지 제스트
계피 스틱

안전 수칙
칵테일을 만들기 전 반드시 93쪽의 안전 수칙을 읽을 것.

금속 재질의 우유 저그 2개와 스템드 글라스를 뜨거운 물로 데운다. 첫 번째 저그의 물을 버리고 테킬라와 쿠앵트로를 붓는다. 두 번째 저그의 물을 버리고 끓는 물 20㎖를 넣은 다음 아가베, 에스프레소, 비터스를 첨가한다.

토치로 첫 번째 저그의 술에 불을 붙인 다음, 80%를 천천히 두 번째 저그로 옮겨 담는다. 두 번째 저그의 액체 90%를 다시 첫 번째 저그로 붓고 같은 과정을 두 번 더 반복한다. 마지막에는 두 번째 저그의 모든 내용물을 첫 번째 저그로 옮긴다.

향신료 분말을 1대시 넣는다. 첫 번째 저그 위에 두 번째 저그를 올려서 불을 끈다.

잔에 담았던 물을 버리고 칵테일을 따른다. 가니쉬로 오렌지 제스트와 계피 스틱을 곁들인다.

 커피 집에서 내린 에스프레소가 적당하다.

 술 카흐 테킬라는 도수가 52%에 이르는 독주이므로 불이 잘 붙는다. 또한 질감이 무거워서 칵테일의 맛을 부드럽게 잡아주는 역할을 한다. 쿠앵트로는 카흐 테킬라와 찰떡궁합이다. 독한 버번과 메이플 시럽 혹은 럼과 골든 시럽의 조합으로 대체해도 좋다.

3

빌트

한 층씩 쌓아 올리는 칵테일이다. 나중에 저어서 섞는 음료도 더러 있다. 커피 칵테일의 경우, 대조되는 색의 층을 쌓아 올리면서 아름다운 대비를 이루는 종류가 많다.

바텐더의 팁

- 찬 음료에 들어가는 커피는 실온보다 차가워야 얼음이 녹아서 음료가 너무 묽어지는 일을 막을 수 있다.
- 잔을 들 때는 손가락만 사용해서 바닥을 잡는다. 불필요한 온기를 잔에 전달하지 않기 위함이다.
- 재료를 섞을 동안 미리 잔을 식히거나 데운다.
- 음료를 쌓을 때는 무겁고 달콤한 재료를 아래에 깔고 가볍고 도수가 높은 재료를 위에 올린다.
- 칵테일을 저을 때는 바스푼이나 스위즐 스틱을 양쪽 손가락 끝 사이에 끼우고 굴리면 된다. 농도가 더 묽어지는 현상이 일어나는데, 부드럽게 저을 때는 얻을 수 없는 효과다.

블랙/화이트 러시안

재료가 비슷하고 단순하여 만들기 쉬우므로 두 음료를 같이 소개하겠다. 화이트 러시안은 기존의 블랙 러시안을 변형한 칵테일이다. 화이트 러시안과 블랙 러시안은 기주인 보드카가 스톨리치나야와 스미노프로 유명한 러시아의 술이라는 사실과 칵테일의 색에 착안하여 붙은 이름이다. 블랙 러시안은 1949년, 브뤼셀에 있는 호텔 메트로폴 소속 벨기에 바텐더 구스타브 탑스가 얼음을 넣은 보드카에 커피 리큐어를 부으면서 탄생했다. 요즘은 위에 콜라를 넣어달라고 요청하는 사람이 많다. 어려운 부탁은 아니지만, 이러면 단맛이 지나치게 난다. 화이트 러시안은 언제 어디서 어떻게 만들어졌는지 아무도 모른다. 1965년 3월 21일 <보스턴 글로브> 신문에 '커피 사우던'이라는 커피 리큐어(지금은 없다)를 광고하기 위해 처음 등장했다. 70년대와 80년대에 많은 인기를 끌다가 시들해진 뒤, 1998년 개봉한 <위대한 레보스키>에서 제프 브리지스가 분한 주인공, 더 듀드가 좋아하는 칵테일로 나오면서 다시 주가가 치솟았다. 블랙 러시안에 우유나 우유 반 크림 반을 올린 칵테일인데, 저어서 섞어 먹는 사람이 많다. 하지만 나는 깔끔하게 층을 이룬 모습이 화이트 러시안의 매력이라고 생각한다. 음료에 우유를 부을 때 흑백으로 대조되는 층이 생기는 모습이 보기 좋다.

보드카 40㎖
커피 리큐어 20㎖
크림이나 우유 45㎖

가니쉬

육두구(선택)

록스 글라스에 각얼음을 담는다. 얼음 위로 재료를 올리면서 층을 만들고 젓는다. 취향에 따라 가니쉬로 육두구를 넣는다.

 커피 칼루아나 티아 마리아 같은 커피 리큐어가 잘 어울린다. 하지만 미스터 블랙이나 퀵 브라운 팍스 같은 품질 좋은 브랜드로 대체해도 무방하다. 직접 만들어도 좋다(186~187쪽 참조).

술 좋아하는 보드카 중 품질 좋은 제품을 선택한다.

커피 앤 토닉

2016년, 혜성처럼 등장하여 사람들의 회의 어린 시선을 찬사로 바꾼 칵테일이다. 믿기 어렵겠지만, 향미가 무척 뛰어나다. 콜드브루 혹은 콜드 드립으로 추출한 커피를 사용하라. 에스프레소보다 쓴맛이 훨씬 덜하다. 토닉이 들어오면서 쓴맛을 전달하고 기포가 향미를 띄우면, 짠! 우아하면서도 상큼하게 여름의 열기를 날릴 수 있다.

탱커레이 넘버 10 진 45㎖
콜드브루 커피 60㎖
고급 토닉 워터 120㎖

가니쉬

자몽 제스트

하이볼 글라스에 각얼음을 담는다. 얼음 위에 재료를 쌓고 젓는다. 가니쉬로 자몽 제스트를 올린다.

커피 나는 복합미 있고 산뜻한 에티오피아산 원두로 내린 콜드브루를 주로 사용한다. 물론 좋아하는 원두로 도전해도 무방하다.

술 탱커레이 넘버 10은 신선한 오렌지, 라임, 자몽, 케모마일을 사용하여 시트러스 향이 강한 진이다. 다시 말해 토닉과 상당히 잘 어울리며 복합미 있는 커피와 균형이 무난하게 맞는다는 뜻이다.

카페 코코

만들기 쉬우면서도 맛있는 음료다. 화이트 러시안의 변형으로, 우유를 코코넛 밀크와 코코넛 크림으로 바꾸고 커피 리큐어 대신 고급 콜드브루 커피를 넣으면 된다. 아가베 넥타르를 더하면 달콤하게 즐길 수 있다. 내가 자주 집에서 만들어 먹는 음료이며 이 책을 쓰는 동안 셀 수 없을 정도로 마셨다.

보드카 45㎖
콜드브루 커피 60㎖
아가베 넥타르 10㎖
코코넛 하프 앤 하프 45㎖(아래 참조)

가니쉬
구운 코코넛 플레이크
올스파이스 한 자밤

코코넛 하프 앤 하프
코코넛 크림 통조림 400㎖
코코넛 밀크 통조림 400㎖

코코넛 하프 앤 하프 : 코코넛 크림 통조림과 코코넛 밀크 통조림을 섞어서 병에 담아 냉장고에 넣는다. 통조림 코코넛은 오래 먹을 수 있으므로 나는 자주 만들어서 에스프레소 샷이나 시리얼에 넣어 먹는 편이다.

칵테일 : 잔에 얼음을 담는다. 얼음 위로 재료를 층층이 붓고 젓는다. 가니쉬로 코코넛 플레이크와 올스파이스 한 자밤을 곁들인다.

커피 나는 초콜릿 향이 나는 브라질 혹은 멕시칸 원두로 내린 콜드브루를 선호한다.

술 질 좋은 보드카 중에서 취향에 맞는 제품을 선택한다.

카페 오랑쥬

간단하고 시원하게 마시면서 기분 전환하기 좋은 콜드브루 칵테일이다. 나는 여름철 일요일 오후에 마시는 카페 오랑쥬가 최고라고 생각한다.

VS급 코냑 35㎖
베네딕틴 리큐어 5㎖
콜드브루 커피 60㎖
꿀 시럽 5㎖
오렌지 비터스 1대시
오렌지 2조각

가니쉬
둥글게 자른 오렌지
계피 스틱

으깬 얼음을 하이볼 글라스에 담는다. 재료를 얼음 위로 붓고 잘 저어서 섞는다. 가니쉬로 둥글게 자른 오렌지와 계피 스틱을 곁들인다.

 커피 좋아하는 콜드브루나 콜드 드립 커피를 사용하라. 절대 실패하지 않는다.

술 VS급 코냑은 품질이 좋고 VSOP급이나 XO급보다 가격이 저렴하다. 커피나 오렌지와 잘 어울리고 묻히지도 않는다. 베네딕틴은 복잡한 허브 향을 약간 더하는 역할을 한다. 없다면 생략해도 무방하다.

카페 볼러

집에서 쉽게 음료에 향을 첨가하기 위해 고안한 칵테일이다. 미리 만들어놓은 커피 얼음을 증류주에 넣기만 하면 된다. 얼음이 천천히 녹으면서 음료 온도가 내려가고 커피의 향미가 살아날수록 제맛이 난다.

증류주 60㎖
커피 얼음(188쪽 참조)

가니쉬

오렌지 제스트

벌룬 글라스에 증류주 60㎖를 담은 다음, 공 모양의 커피 얼음을 넣는다. 가니쉬로 오렌지 제스트를 곁들인다.

 커피 좋아하는 콜드브루 혹은 콜드 드립 커피로 얼음을 만들고 바닐라나 시나몬 등으로 향을 입힌다.

술 프리미엄 코냑, 럼, 테킬라, 위스키 모두 커피 얼음과 잘 어울린다. 리큐어는 쿠앵트로, 그랑 마니에르, 드람부이, 글레이버, 체리 히어링처럼 단맛이 나는 제품을 사용한다.

커피 버번 플로트

아이스크림과 탄산음료는 어린 시절의 추억을 불러온다. 엄청난 주류 애호가도, 체중을 감량하기로 굳게 마음먹은 사람도 거부하기 어려운 유혹이다. 여기에 커피와 술까지 함께 즐길 수 있다는 사실을 고려하면 함박웃음이 저절로 나오는 커피 버번 플로트를 마실 이유가 하나 더 생긴 셈이다. 다양한 술이나 닥터 페퍼, 진저비어, 스파이스드 커피 소다(189쪽 참조) 같은 음료를 추가하여 풍성하게 즐겨도 좋다.

버번 45㎖
콜드브루 커피 45㎖
다크 크렘 드 카카오 15㎖
메이플 시럽 15㎖
피 브라더스 블랙 월넛 비터스 2대시
메이플 월넛 아이스크림 1스쿱
콜라 60㎖

가니쉬

피칸이나 호두
계피

재료를 위에서 다섯 번째까지 맥주잔에 넣고 젓는다. 아이스크림을 조심스럽게 올리고 콜라를 붓는다. 가니쉬로 피칸이나 호두를 곁들이고, 계피로 마무리한다.

커피   질감이 강하고 신맛이 없는 다크 로스트 원두로 내린 콜드브루가 좋다.

술   버번이나 라이 위스키를 추천한다. 가벼운 음료이므로 진지해질 필요가 없다. 단순하게 가자!

시나몬 토스트 크런치 화이트 러시안

좋아하는 시리얼과 앞에서 언급한 하프 앤 하프를 더하기만 하면 화이트 러시안을 간단하고 재미있게 변형하여 마실 수 있다. 시나몬 시리얼은 기분 좋게 달콤한 맛을 곁들일 뿐 아니라, 통밀의 식감까지 즐기게 해준다.

바닐라 보드카 30㎖
커피 리큐어 30㎖
시리얼 하프 앤 하프 90㎖ (아래 참조)

가니쉬
큐리어슬리 시나몬 혹은 시나몬 토스트 크런치 시리얼

시리얼 하프 앤 하프
우유 60㎖
크림 60㎖
큐리어슬리 시나몬 혹은 시나몬 토스트 크런치 시리얼 100g

시리얼 하프 앤 하프 : 우유와 크림을 섞고 시리얼을 넣는다. 잘 저은 다음, 15분간 우린다. 체에 걸러서 시리얼을 제거한다.

칵테일 : 록스 글라스에 각얼음을 넣는다. 재료를 쌓고 저은 다음, 가니쉬로 시리얼을 올린다.

 커피   선호하는 커피 리큐어나 콜드브루 30㎖와 설탕 시럽 15㎖를 넣는다(55쪽 참조).

술   나는 직접 담근 바닐라 보드카를 사용한다. 좋아하는 브랜드를 선택하면 된다.

테네시 줄렙

테네시의 조지 디켈 증류소에 갔을 때 영감을 받아 만들었다. 놀라운 미국식 위스키인 조지 디켈이 탄생한 지 오랜 시간이 흘렀음에도 아직까지 유서 깊은 장비를 사용하여 전통 공정대로 소량씩 만들어진다는 사실에 적잖이 놀랐다. 거대한 위스키 시장에서 품질을 과소평가받고 있기는 하지만, 나는 조지 디켈 증류소가 강자와의 경쟁을 크게 두려워하지 않는다는 느낌을 받았다. 나름의 속도를 지키면서 좋은 위스키를 만드는 것에 만족하고 있기 때문이었다. 커피와 잘 어울리는 탓에 증류소에서 돌아온 뒤 조지 디켈 위스키가 들어가는 음료를 많이 개발했는데, 이번에 소개할 레시피도 그중 하나다.

커피를 우려낸 조지 디켈 넘버 8 테네시 위스키 60㎖
살구 리큐어 5㎖
오가닉 라이트 콘 시럽 10㎖
초콜릿 민트 잎 12개

가니쉬
민트 가지 5개
통조림 살구 반쪽
벌집 조각

줄렙 컵에 재료를 담고 으깬 얼음을 넣은 다음, 휘저어서 민트 향을 내고 시럽을 희석한다. 가니쉬로 민트, 살구, 벌집을 올린다.

 커피 커피의 미묘한 맛이 느껴지도록 니트로 캐비테이션 방식(196쪽 참조)으로 커피를 위스키에 직접 우려낸다.

술 조지 디켈 테네시 위스키는 맛을 가다듬기 위해 증류 이후 숯으로 위스키를 거르는 전통 방식을 사용한다. 연기, 단풍나무, 버터를 발라 익힌 옥수수 향이 살짝 남으며 부드럽고 끝 맛이 어느 정도 딱 떨어지는 느낌이므로 커피와 무척 잘 어울린다.

카페 코로나

오해하지 마라. 이 칵테일에는 맥주가 들어가지 않는다. 바탕가라는 칵테일과 바탕가를 만든 남자에게 영감을 받아 만들었다. 바탕가는 전설의 바텐더인 돈 하비에르 델가도 코로나가 멕시코 테킬라의 한 작은 마을에 있는 자신의 바, 라 카피야에서 개발한 칵테일이다. 신선한 라임과 잔 테두리에 묻힌 소금을 곁들여 테킬라와 콜라를 마신다. 코로나는 라임을 자를 때 쓰는 거대한 부엌칼로 칵테일을 젓는 행동으로 유명했다. 나는 콜라 대신 스파이스드 커피 소다를 비롯한 몇 가지 재료를 넣어 원작과 비슷하면서도 다른 향미를 냈다.

1800 레포사도 테킬라 45㎖
피에르 페랑 오렌지 퀴라소 10㎖
메스칼 5㎖
스파이스드 커피 소다(189쪽 참조)
비터 트루스 제리 토마스 비터스 1대시

가니쉬
코코아 칠리 솔트(아래 참조)
그을린 오렌지 제스트

코코아 칠리 솔트
코코아 분말 ⅛티스푼
칠리 분말 ⅛티스푼
말돈 소금 1티스푼

코코아 칠리 솔트 : 코코아 분말과 칠리 분말 그리고 말돈 소금을 섞는다.

잔 : 잔 테두리에 코코아 칠리 솔트를 바르고 얼음을 넣는다.

칵테일 : 재료를 쌓고 칼로 젓는다. 가니쉬로 오렌지 제스트를 올린다.

 커피 커피 소다를 만들 때 사용해본 제품 중에서 바닐라와 구운 아몬드 향이 나는 종류로 준비한다.

술 나는 1800 테킬라의 풍부한 질감과 향미를 좋아한다. 커피에 가미하는 향신료와 잘 어울리기 때문이다. 피에르 페랑이 생산하는 오렌지 퀴라소는 최고의 품질을 자랑한다. 메스칼의 경우, 델매기 비다 혹은 마카 네그라 에스파딘처럼 연기 향이 나는 제품을 선택한다.

케그 파티

니트로 콜드브루 커피는 2017년 엄청난 열풍을 일으켰다. 커피 애호가들은 단골 스페셜티 카페를 돌면서 니트로 콜드브루 커피를 찾아다녔는데, 지금은 체인점 카페에서도 마실 수 있을 정도로 대중화되었다. 커피에 질소를 주입하므로 기네스 맥주에서 흔히 보이는 서징 효과가 나타나는 특징이 있다. 에스프레소 마티니 위에 올라가는 것과 유사한 멋진 거품층이 있어 질감이 무척 뛰어나다. 유행이 번지자, 바에서도 레시피대로 미리 섞어서 케그에 보관했다가 주문이 들어오면 즉시 따라 내는 식으로 니트로 콜드브루 마티니를 팔았다. 질감과 맛은 물론이고 속도와 일관성까지 네 마리 토끼를 모두 잡는 방법이었다. 레시피는 설탕 시럽을 솔티드 캐러멜이나 구아바 같은 재료로 바꾸기만 하면 쉽게 변형할 수 있다. 작은 케그가 없다면 아이에스아이 휘핑기를 이용해도 무방하다. 제조에 필요한 장비는 전문가 수준이지만, 친절한 설명서를 보고 따라 하면 누구나 할 수 있다. 8g짜리 아산화질소 카트리지를 2개 준비한다.

15인분

케텔 원 오란제 보드카 300㎖
5:1 비율 콜드브루 커피 600㎖(40~43쪽 참조)
광천수 200㎖
블랙베리 리큐어 150㎖
피멘토 드램 50㎖
아가베 시럽 200㎖

가니쉬

초콜릿 분말(나는 식용 구리 분말과 섞는다)
블랙베리

차갑게 식힌 2ℓ 용량의 케그에 재료를 넣고 잠근 다음 흔든다. 케그를 뒤집어서 카트리지 하나를 장착하여 질소를 주입한다. 다시 한 번 흔들고 두 번째 카트리지를 끼워 넣는다.

차가운 록스 글라스에 얼음 없이 담는다. 계속 차갑고 맛있는 상태로 즐길 수 있도록 으깬 얼음을 담은 양동이에 케그를 넣어둔다.

커피 카카오 맛이 풍부한 콜롬비아 혹은 과테말라산 원두를 주로 사용한다.

술 무난한 보드카라면 다 좋다. 나는 오렌지 보드카가 특히 잘 어울린다고 생각한다.

데스 바이 카페인

옛날에 미트볼이 주력 안주였던 바를 관리하던 시절에 디저트 칵테일로 개발했다. 외형 면에서 신메뉴로 제격이라고 생각했다. 손님들도 무척 재미있어했는데, 한 테이블에서 마시던 데스 바이 카페인을 보고 호기심이 동한 다른 사람들이 따라 주문하여 결국 6개 넘게 팔았던 날도 있다.

론 자카파 솔레라 23 럼 30㎖
콜드브루 커피 30㎖
계피 향 커피 리큐어 15㎖
마야식 스파이스드 아마로 15㎖(아래 참조)
광천수 15㎖
닥터 아담 엘메지라브스 아프로디테 비터스 2대시
또 다른 콜드브루 커피 30㎖
공 모양 다크 초콜릿
커피 폼 45㎖(198쪽 참조)

가니쉬
팝핑캔디
동결 건조 산딸기 분말
식용 구리 분말

마야식 스파이스드 아마로
아마로 몬테네그로 700㎖
바닐라 빈 분말 5㎖
구워서 으깬 카카오닙스 3g
계피 분말 0.5g
칠리 분말 0.1g

위에서부터 6개의 재료를 14인분 준비해서 1.5ℓ 용량의 병에 담고 냉장고에 넣는다.

작은 램킨에 콜드브루 커피를 30㎖ 붓고 공 모양 다크 초콜릿을 올린다. 토치로 공 위를 살짝 녹인 다음 팝핑캔디, 동결 건조 산딸기 분말, 식용 구리 분말을 올려 장식한다.

냉장고에 넣었던 병을 꺼내 살짝 흔들고 105㎖를 계량한다. 공 모양 다크 초콜릿 위쪽에 작은 구멍을 낸 다음, 깔때기를 꼽고 붓는다(142쪽 왼쪽 위 사진). 아이에스아이 건으로 커피 폼을 주입한다(142쪽 오른쪽 위 사진). 공에 빨대를 꽂는다.

램킨에 담은 콜드브루에 드라이아이스 한 덩어리를 넣는다(142쪽 왼쪽 아래 사진). 클로슈로 덮어 마무리한다(142쪽 오른쪽 아래 사진).

서빙 : 손님 앞에서 클로슈를 치우면서, 먼저 빨대로 음료를 다 마신 다음 숟가락으로 공을 깨고 초콜릿과 아래의 차가운 콜드브루를 함께 즐기라고 안내한다.

주의 : 칵테일을 입에 댈 때쯤에는 드라이아이스가 완전히 녹아야 한다.

커피 초콜릿 공에 곁들였을 때 맛있는 콜드브루라면 안에 들어가는 칵테일과 샷에도 잘 어울린다.

술 론 자카파 23은 맛이 진하고 복합미가 풍부해서 다크 초콜릿과 궁합이 좋다. 선호하는 계피 향 커피 리큐어를 넣어도 되고 퀵 브라운 폭스로 도전해도 무방하다.

4

스터드 & 쓰로운

스터링은 칵테일을 원하는 농도로 정확하게 희석하기 위해 재료를 섞으면서 공기 주입을 최소화하고 온도를 최대한 낮추는 섬세하고 부드러운 의식이다. 대개 휘젓는 칵테일은 도수가 높은 술이 많으며, 시럽이나 과즙처럼 탁하고 무거운 재료가 들어간 경우는 찾기 힘들다(휘저어봐야 잘 섞이지 않기 때문이다). 맨해튼, 마티니, 올드 패션드, 네그로니 같은 음료는 흔들지 말고 저어야 투명한 색감을 살릴 수 있다. 셰이킹과 비교했을 때, 온도가 높고 들어간 산소도 적으므로 점도와 질감이 완전히 다르다. 쓰로잉도 사용하는 음료는 비슷한데, 더 강하게 섞거나 공기를 많이 넣어야 할 때 선택하는 방법이다. 지금도 자주 볼 수 있기는 하지만, 사실 셰이킹의 사전 단계에 가깝다. 쓰로잉하여 음료를 섞은 다음, 2개의 믹싱 틴을 끼워서 셰이킹하는 식이다.

바텐더의 팁 : 스터드

- 스터드 음료는 최대한 차갑게 제공해야 한다. 따라서 제조에 들어가기 전, 얼음으로 잔과 믹싱 글라스를 차갑게 식히는 일이 우선이다. 얼음을 저어서 얼음과 잔이 접촉하는 시간을 늘리면 더 빨리 차가워진다.
- 잔을 식히는 동안 음료를 완성하자마자 바로 올릴 수 있도록 가니쉬를 준비한다.
- 얼음이 녹으면서 믹싱 글라스에 생긴 물은 반드시 버린다.
- 커다란 각얼음 혹은 으깬 얼음덩어리를 사용한다. 작은 얼음을 넣으면 음료가 너무 빨리 묽어지고 충분히 차가워지지 않는다. 또한 지나치게 커다란 얼음을 쓰면 녹으면서 온도가 내려가는 속도가 느리고 많이 저어야 한다.
- 액체를 따르는 순간부터 얼음이 녹으므로 신속하고 간결하게 제조를 끝낸다.
- 얼음은 칵테일 위로 튀어나올 만큼 넣어야 한다.
- 얼음과 함께 부드럽게 젓는다.
- 가장 맛있을 때 즐길 수 있도록 최대한 빨리 서빙한다.

바텐더의 팁 : 쓰로운

- 쓰로운 음료는 최대한 차갑게 제공해야 하므로, 항상 음료를 준비하는 동안 미리 잔을 식힌다.
- 믹싱 틴 하나에 음료를 담은 다음, 얼음을 넣고 호손 스트레이너를 끼운다. 다른 하나는 비워둔다.
- 얼음을 담은 틴을 높이 들고 아래의 빈 틴으로 액체를 부드럽게 따른다. 손을 내리고 얼음이 담긴 틴으로 다시 액체를 옮긴다. 같은 과정을 반복한다.
- 연습하면 완벽하게 할 수 있다. 처음 훈련할 때는 물을 사용하고 자신만의 요령을 터득하도록 노력하라.

커피 마멀레이드 올드 패션드

올드 패션드의 변형작이다. 활력을 돋우는 카페인과 달곰쌉쌀한 오렌지 마멀레이드를 곁들여서 색다른 느낌을 냈다.

원두 3개
오렌지 마멀레이드 2바스푼
커피 비터스 3대시(192쪽 참조)
초콜릿 비터스 1대시
탄산수 7.5㎖
조니워커 블랙 라벨 위스키 60㎖

가니쉬

오렌지 제스트
초콜릿 코팅 원두(오렌지 제스트 오일을 뿌린다)

원두를 으깨서 차갑게 식힌 믹싱 글라스에 담는다. 마멀레이드, 비터스, 탄산수를 넣고 마멀레이드가 풀어질 때까지 젓는다. 각얼음과 위스키를 넣고 적절한 농도와 온도가 될 때까지 젓는다.

차갑게 식힌 올드 패션드 글라스에 얼음을 넣은 다음 두 번 걸러서 따른다. 가니쉬로 오렌지 제스트를 곁들인다.

 커피 좋아하는 원두를 미디움으로 로스팅하여 사용한다. 비터스를 넣으면 복합미를 더할 수 있다.

술 여러 가지 위스키와 무난하게 어울린다. 하지만 나는 블랙 라벨을 고집한다. 오렌지와 커피와 모두 궁합이 좋기 때문이다.

카페 맨해튼

나는 인생의 진정한 즐거움은 완벽하게 균형 잡힌 맨해튼을 음미하는 일이라고 생각하는 사람이다. 맨해튼을 더 맛있게 마시는 유일한 방법은 신선한 원두 가루로 내린 커피와 당돌한 티라미수 한 조각과 함께 즐기는 것이다.

커피 인퓨즈드 라이 위스키 50㎖(195쪽 참조)
만치노 로쏘 아마란토 베르무트 20㎖
블랙 월넛 비터스 1대시
체리 비터스 2대시

가니쉬

그을린 오렌지 제스트(먹지 않는다)
쿠앵트로와 코냑에 담근 체리

믹싱 글라스에 얼음을 담고 재료를 넣어서 젓는다. 걸러서 차가운 마르가리타 글라스에 담는다. 가니쉬로 마무리한다.

 커피 견과 향 위스키에 커피를 우려서 미묘한 향미를 더해 사용한다. 나는 코스타리카산 허니 워시드 원두로 내린 커피를 주로 넣는다.

술 라이 위스키는 독특한 향신료 향이 나며 버번 위스키보다 단맛이 덜하다. 복합미가 강하고 단맛이 센 만치노 로쏘 아마란토 베르무트와 멋지게 균형을 이룬다.

카페 네그로니

네그로니는 풍부하고 복합미 넘치는 향미와 제조하기 쉽고 재료를 간단하게 바꿀 수 있다는 장점 덕분에 최근 몇 년간 인기가 급부상한 칵테일이다. 약간 쓴맛을 좋아하는 사람이라면, 입맛에 딱 맞을 것이다. 내가 특별히 아끼는 음료이며, 기주를 여러분의 취향에 맞는 증류주로 대체해도 아무 문제가 없다.

루트 올드 사이먼 예네버르 25㎖
커피 인퓨즈드 스위트 베르무트 22.5㎖
 (194쪽 참조)
리노마토 아페리티프 22.5㎖

가니쉬
그을린 오렌지 제스트
잔 옆에 묻힐 석류 당밀(선택)

커다란 얼음 하나를 스템리스 글라스에 담는다. 모든 재료를 칵테일 셰이커에 넣고 각얼음과 함께 다섯 번 쓰로잉해서 섞어 온도를 내리고 공기를 불어넣는다. 걸러서 잔에 담는다. 가니쉬로 마무리한다.

 커피 베르무트에 우린 커피가 미묘한 맛을 내면서 향미를 살린다.

술 구운 견과가 들어간 루트 올드 사이먼 예네버르는 견과 향 커피와 허브 향 베르무트와 무척 잘 어울린다. 하지만 돈 훌리오 레포사도 테킬라, 마투살렘 플래티노 럼, 수준 높은 버번으로 대체해도 좋다. 모두 커피 향 베르무트와 리노마토와 궁합이 좋다. 리노마토는 씁쓸한 아페리티프인데, 캄파리보다는 달지만 아페롤보다는 쓰다. 리노마토가 없다면 캄파리와 아페롤을 섞어서 사용하라.

스모키 바비 번스

바비 번스 칵테일은 맨해튼의 변형이다. 스카치 위스키 대신 아메리칸 라이 위스키나 버번을 넣거나 프랑스 수도승이 만드는 허브 향 리큐어인 베네딕틴을 소량 첨가한다. 나는 여기에 커피와 향긋한 연기를 곁들여 레시피를 개선했다. 나는 스모크 칵테일을 그다지 좋아하지 않는다는 사실을 미리 밝혀야겠다. 태운 우드칩에서 재떨이 냄새가 나는 스모크 칵테일에 당한 적이 많기 때문이다. 연기는 외형을 살릴 뿐 아니라, 음료의 향을 돋우는 역할을 하므로 좋은 향이 나는 우드칩을 구하는 것이 중요하다. 매캐한 연기가 날 수 있으니 우드칩을 너무 뜨겁게 가열해서는 안 된다. 연기를 제대로만 피운다면 칵테일에 묘한 복합미를 더할 수 있다.

레몬 제스트
몽키 숄더 스카치 위스키 40㎖
커피 인퓨즈드 베르무트 30㎖(194쪽 참조)
베네딕틴 리큐어 10㎖

안주
스코티시 쇼트브레드(선택)

차갑게 식힌 믹싱 틴에 레몬 오일을 넣고 제스트를 버린다. 다른 재료와 얼음을 넣고 2개의 믹싱 틴을 사용해 여섯 번 정도 쓰로잉한다.

주둥이가 좁은 대형 벌룬 글라스를 차갑게 식히고 음료를 걸러서 담는다. 아메리칸 오크나무로 만든 묵은 술통을 가공한 우드칩과 초콜릿 맥아를 스모킹 건으로 태워서 연기를 만든다.

취향에 따라 스코티시 쇼트브레드를 곁들인다. 연기가 음료와 섞이면서 밖으로 빠져나가도록 마시기 전에 강하게 휘저으라고 안내한다.

 커피 베르무트에 어떤 커피를 우리느냐에 따라 미묘한 맛의 차이를 느낄 수 있다.

 술 몽키 숄더는 스코틀랜드 스페이사이드에서 생산하는 세 가지 종류의 원액을 섞은 맥아 위스키다. 특유의 따뜻하고 풍부한 맛을 칵테일에 가미할 수 있다. 베네딕틴은 허브 향 리큐어로, 기분 좋으면서도 복합미 넘치는 꿀 향이 난다. 베르무트의 경우, 나는 만치노 로쏘 아마란토를 즐겨 사용한다.

행키 팽키

씁쓸하면서도 달콤한 마티니다. 유명한 런던 사보이 호텔 아메리칸 바 소속인 에이다 콜맨이 바텐더 일을 시작한 1903년에 개발했다. 과감한 탓에 종종 평가가 극단으로 나뉘는 칵테일이다. 모두의 입맛에 맞을 만한 음료는 아니지만, 네그로니를 좋아하는 사람이라면 도전할 만한 가치가 있다. 살짝 넣은 커피가 활기를 북돋고 복합미를 살리면서 페르넷 브랑카가 따로 놀지 않도록 막는 역할을 한다.

런던 드라이 진 30㎖
커피 인퓨즈드 스위트 베르무트 30㎖
　(194쪽 참조)
페르넷 브랑카 2.5㎖

가니쉬

오렌지 제스트 오일

믹싱 글라스에 얼음을 담고 재료를 부어서 젓는다. 마르가리타 글라스에 손으로 깎은 얼음을 넣고 걸러서 낸다.

가니쉬로 오렌지 제스트 오일을 넣는다.

 커피 베르무트에 첨가한 커피 향이 페르넷 브랑카와 잘 어울린다.

술 최근 진 시장이 급성장하면서 선택지가 엄청나게 많아지는 바람에 즐거운 고민이 생겼다. 나는 노간주나무 향이 진한 종류를 피하고 시트러스나 향신료 혹은 견과 향이 나는 제품을 선택한다. 탱커레이 넘버 10이나 봄베이 사파이어는 맛을 가볍게 띄우는 효과가 있다. 아니면 지바인 누에종이나 봄베이 사파이어 이스트 혹은 탱커레이 말라카처럼 향신료 향이 강한 술을 선택하라.

뷰 카페

짐작했겠지만, 내가 좋아하는 독한 고전 메뉴이자 뉴올리언스의 전설인 뷰 카레를 변형한 커피 칵테일이다. 기주로 넣은 라이 위스키와 코냑의 복합미 있는 단맛과 향신료 향이 베르무트의 허브 향으로 다듬어진 다음 비터스, 커피, 베네딕틴과 섞이면서 존재감을 발산한다.

라이 위스키 22.5㎖

VS급 코냑 22.5㎖

커피 인퓨즈드 스위트 베르무트 22.5㎖
  (194쪽 참조)

베네딕틴 리큐어 5㎖

페이쇼드 비터스 1대시

닥터 아담 엘메지라브스 오리노코 비터스 1대시

가니쉬

그을린 오렌지 제스트

재료와 각얼음을 셰이커에 넣고 다섯 번 쓰로잉해서 섞으며 차갑게 식히고 부드럽게 공기를 불어넣는다. 걸러서 마티니 글라스에 얼음 없이 담는다. 가니쉬로 그을린 오렌지 제스트를 곁들인다.

 커피 베르무트에 우린 커피가 미묘한 맛을 더하고 복합미와 향미를 살린다.

술 좋아하는 브랜드에서 서로 균형이 잘 맞는 종류를 선택한다.

보틀드 카페 로지타

151쪽의 네그로니와 유사하다. 예네버르 대신 레포사도 테킬라가 들어가고 필요할 때 바로 낼 수 있도록 미리 완성품을 병에 담아 냉장 보관한다는 점만 다르다. 소금 간이 된 다크 초콜릿(테리스 다크 초콜릿 오렌지 같은)을 곁들이면 좋지만, 없어도 무난하게 즐길 수 있다.

레포사도 테킬라 25㎖
커피 인퓨즈드 스위트 베르무트 22.5㎖
 (194쪽 참조)
리노마토 아페리티프 22.5㎖

가니쉬
그을린 오렌지 제스트

재료를 계량하여 병에 담는다. 비율만 맞추면 2인분이든 10인분이든 상관없다. 병을 냉장고에 넣는다.

서빙 : 잔에 얼음을 넣고 가니쉬를 올린다. 손님이 직접 따라서 저어 마시도록 병과 잔을 함께 제공한다.

 커피 베르무트에 우린 커피가 미묘한 맛을 내면서 향미를 살린다.

술 내가 즐겨 넣는 테킬라는 포르탈레자, 돈 훌리오, 아레테다. 하지만 좋아하는 고급 레포사도 (묵힌) 테킬라를 리노마토(151쪽 참조)와 곁들여도 좋다.

새미 데이비스

전설로 길이 남을 랫 팩 멤버이자 '미스터 보쟁글스'를 부른 가수로 유명한 새미 데이비스 주니어의 카리스마와 품위를 기리기 위해 개발한 칵테일이다. 유튜브에서 옛날에 찍은 새미의 산토리 위스키 광고를 보고 반드시 좋아할 것이라는 확신이 생겨서 만들게 되었다.

산토리 가쿠빈 옐로 라벨 블렌디드 위스키 45㎖

루스토 페드로 히메네스 셰리 베르무트 20㎖

옥토모어 위스키(아토마이저에 담아 두 번 분사)

콜드브루 커피 얼음 1개(188쪽 참조)

가니쉬

아토마이저에 옥토모어 위스키를 담아 불에 뿌리기

미니 모카 포트에 콜드브루와 드라이아이스를 넣어 향기로운 연기 내기 (선택)

위에서 세 번째 재료까지 믹싱 글라스에 넣고 얼음과 함께 젓는다.

커다란 커피 얼음 1개를 잔에 담고 칵테일을 걸러서 붓는다. 가니쉬로 마무리한다.

 커피 커피는 콜드브루를 얼린 형태로 들어간다. 사용하려는 위스키와 잘 어울릴 만한 종류를 선택하라.

술 산토리 가쿠빈은 일본의 많은 바에서 표준으로 자리 잡은 블렌디드 위스키다. 하지만 생산량 대부분이 일본 내에서 소비되므로 다른 나라에서는 쉽게 마실 수 없다. 아이리시나 캐나디안 위스키처럼 순한 편이지만, 맥아 함량이 더 높으므로 아이리시와 캐나디안 위스키는 물론이고 니카의 블렌디드 위스키 같은 순한 일본산 위스키까지 대체할 수 있다. PX급 베르무트는 풍부한 향신료 향을 더하면서 음료의 맛을 부드럽게 다듬는다. 새미는 애연가였으므로 약간의 옥토모어 위스키를 더했다(연기 향이 난다면 다른 위스키도 괜찮다).

오크 에이지드 올드 패션드

커피를 가미한 올드 패션드다. 오크병이나 오크통에 짧게 숙성하므로, 서빙할 시기에 맞추어 미리 준비해야 한다. 하지만 이런 번거로움을 감수할 가치가 있는 술이다.

버번 위스키 50㎖
2:1 비율 설탕 시럽 7.5㎖(55쪽 참조)
커피 리큐어 5㎖
광천수 10㎖
커피 비터스 3대시(192쪽 참조)

가니쉬
오렌지 제스트
린트 오렌지 초콜릿 1조각과 천일염

숙성 통의 크기와 대접할 사람의 수를 생각해서 비율을 맞추어 재료를 준비한다. 모든 재료를 커다란 용기에 넣는다. 잘 저은 다음, 맛을 보면서 간을 확인하고 필요에 따라 재료를 보충한다. 미리 시즈닝한(아래 참조) 오크통에 옮겨 붓고 숙성되기를 기다린다.

커다란 얼음덩어리를 올드 패션드 글라스에 담고 음료를 75㎖ 붓는다. 가니쉬로 마무리한다.

시즈닝 : 오크통에 액체를 넣어서 다음에 담을 술에 향미를 전달하는 작업이다. 선택지는 많지만, 나는 향이 약한 프렌치 프레스 커피를 대용량으로 내려서 오크통에 넣었다가 24~48시간 뒤에 꺼내는 것을 추천한다.

바텐더의 팁 : 증류주를 오크통에 넣어 묵히는 일은 술에 다른 재료를 첨가하는 것과도 같다. 숙성 기간이 너무 짧으면 오크 특유의 향이 안 살고, 지나치게 길면 다른 향미가 묻힌다. 자주 맛을 보면서 오크 향이 적당히 우러났다는 판단이 서면 다른 병으로 옮겨서 향미를 유지한다.

주의 : 용기가 작을수록 숙성이 빠르다. 또한 숙성 시간은 온도, 통 생산연도, 술의 도수에 따라 달라지므로 오크통에서 칵테일을 꺼내는 시간을 딱 집어 말할 수는 없다.

🫘 **커피**   리큐어나 비터스를 넣거나 오크통에 숙성하면서 쉽게 커피 향을 첨가할 수 있다.

🍾 **술**   원하는 버번을 넣는다. 내가 마셔본 결과 메이커즈 마크 혹은 짐 빔 블랙 라벨 모두 괜찮았다. 웬만한 럼이나 스카치 위스키도 무난하고 심지어 코냑도 대부분 소화할 수 있다.

터키쉬 딜라이트

2015년 남아프리카공화국에서 열린 월드 클래스 글로벌 칵테일 대회에 출전한 내 친구 메메트 수르가 선보인 비슷한 음료를 참조하여 만들었다. 터키의 향미와 커피 문화를 엿볼 수 있는 독특한 음료이며 유서 깊은 역사가 그대로 녹아 있다.

터키식 커피 30㎖
론 자카파 23 럼 45㎖
올로로소 셰리 15㎖
터키쉬 딜라이트 에어 60㎖(아래 참조)

안주(선택)
말린 과일
피스타치오
터키쉬 딜라이트

터키쉬 딜라이트 에어
끓는 물 150㎖
설탕나 50g
말린 히비스커스 꽃 50g
로열젤리와 인삼 꿀(예멘) 15㎖
라키 10㎖
장미수 3방울
자당지방산에스터 1g

터키쉬 딜라이트 에어 : 설탕나를 끓는 물에 넣고 섞는다. 히비스커스 꽃을 넣고 8~10분간 기다린 뒤에 체로 거른다. 남은 재료를 전부 넣고 식힌다.

칵테일 : 터키식 커피를 추출해서 거른 다음, 차갑게 식힌 이브릭(사진처럼 작은 나무 손잡이가 달린 저그)이나 셰이커 틴에 붓는다. 럼, 셰리, 각얼음을 넣고 쓰로잉하면서 적당히 희석한다. 걸러서 차갑게 식힌 터키식 커피잔 같은 컵에 담는다.

서빙 : 스틱 블렌더나 전기 거품기로 터키쉬 딜라이트 에어에 공기를 주입하고 숟가락을 칵테일 잔 위에 올린다. 취향에 따라 피스타치오, 터키쉬 딜라이트, 말린 과일과 함께 낸다.

 커피 터키식 커피는 다크 로스트 원두를 잘게 갈아서 이브릭에 물과 함께 넣고 뜨겁게 가열하여 만든다. 보통 맛이 강하고 쓰다. 원한다면 향이 강한 에스프레소로 대체해도 좋다.

술 론 자카파 23은 향미가 강하고 복잡하며 달콤한 럼이다. 기주로서 중심을 잘 잡으면서도 다른 향미와 잘 어우러진다. 올로로소 셰리는 칵테일에 기분 좋은 견과 향을 더한다. 라키는 발효 포도로 증류한 술에 아니스로 향미를 더한 터키의 전통주다.

5

블렌디드

7080 시대의 바에서 블렌더는 형형색색의 디스코 파티 칵테일을 만들기 위해 없어서는 안 되는 장비였다. 하지만 머들러가 인기를 끌며 천천히 역사의 뒷장으로 사라졌다. 수준 있는 바에서는 대부분 시끄럽고 번거로우며 맛의 일관성도 없는 블렌더를 찬장 구석에 넣었고, 블렌더는 수영장 바에서 하와이안 셔츠를 입고 일하는 바텐더나 취급하는 장비가 되었다. 그러나 질 좋은 재료를 제대로 블렌딩하여 균형을 맞춘 음료는 한 편의 예술 작품과도 같다. 벨벳처럼 부드럽고 시원하며 구름 위를 걷는 듯한 기분이 들 정도다. 고급 칵테일을 블렌딩하는 기술은 유행 지난 기예에 가까우며 연습과 꼼꼼함 없이는 좋은 결과를 기대하기 어렵다는 사실을 알아두자. 칵테일이 다 그렇지만, 핵심은 양질의 재료다. 그런데 블렌딩 칵테일에 설탕 시럽과 리큐어를 듬뿍 넣어 맛을 살리는 바텐더가 너무 많다. 깔끔하게 가자고, 친구들! 얼음의 비율 역시 중요하다. 너무 적게 넣으면 결과물이 미지근하고 엉성하다. 그래도 얼음이 지나치게 많은 음료보다는 나은데, 불행히도 훨씬 자주 마주치는 경우다! 차디찬 얼음덩어리가 과하게 씹히는 식감은 그렇다고 치자. 더 큰 문제는 얼음이 곧 물이고, 물은 향미를 묽게 만든다는 사실이다! 칵테일을 완성했을 때 투입한 재료에 비해 양이 많다면, 얼음을 지나치게 넣었다는 뜻이다. 지나친 얼음만큼 칵테일의 향미가 망가진다고 생각하면 된다.

바텐더의 팁

- 다양한 향미로 무장한 블렌딩 칵테일의 경우 첨가할 커피의 종류를 선택하기가 까다롭다. 보통 향이 강한 콜드브루나 에스프레소를 넣으면 무난하다.
- 블렌딩할 때는 으깬 얼음을 사용한다.
- 얼음이 너무 많으면 향미가 지나치게 희석되고 칵테일이 딱딱해지므로 마시기 어렵다. 잘 갈리지도 않을뿐더러 잔에서 덜 갈린 얼음덩어리가 나올지도 모른다. 이러한 실망스러운 음료를 접한 사람들은 블렌딩 칵테일에 대한 인식이 나빠지는 경우가 많다.
- 얼음이 모자라면 우리가 잘 블렌딩한 음료에서 기대하는 서리같이 차가운 식감이 없는 미지근한 음료가 탄생한다.
- 블렌더 위쪽을 슬쩍 보라. 중심부에 빽빽하면서도 부드러운 소용돌이가 나타난다면 마실 때가 되었다는 뜻이다.

프로즌 블랙 아이리시

프로즌 블랙 아이리시는 고리짝부터 있던 레시피지만, 2000년대 이후 사람들의 관심을 거의 받지 못했다. 1985년경 티지아이 프라이데이에서 탄생했으며 초콜릿 소스와 휩트크림을 올린 달콤한 머드슬라이드나 프로즌 아이리시 커피와 유사성이 많다는 사실을 제외하면 알려진 정보가 거의 없다. 80년대에 함께 등장했던 요란한 색의 블렌디드 디스코 세대 칵테일과 비교했을 때 무척 만들기 쉬운 편이고 색도 단순하다. 원작도 맛이 뛰어나지만, 약간 변형하면 훨씬 맛있게 즐길 수 있다. 나는 콜드브루를 조금 추가하고 프리미엄 바닐라 아이스크림을 넣었다. 원래 가니쉬 없이 서빙하는 칵테일이지만, 슬러시 기계로 뽑은 프로즌 아이리시 커피에 원두 가루를 올려서 내는 뉴올리언스의 에린 로즈 바의 방식을 흉내 내보았다.

보드카 30㎖
베일리스 아이리시 크림 30㎖
칼루아 커피 리큐어 30㎖
콜드브루 커피 30㎖
바닐라 빈 아이스크림 2스쿱
하프 앤 하프 45㎖(205쪽 참조)
으깬 얼음 ½스쿱

가니쉬
으깬 인스턴트커피 가루와 섞은 건조
　바닐라 빈 분말

적당히 부드럽고 차가워질 때까지 재료를 간다. 올드 패션드 글라스에 담는다. 가니쉬로 커피 가루를 뿌린다.

 커피 원래 레시피는 칼루아로 개성을 살리거나 미스터 블랙, 퀵 브라운 폭스, 리틀 드리파, 블랙 트위스트, 베보 같은 다양한 고급 재료로 맛을 끌어올린다. 나는 좋은 품질의 향이 강한 콜드브루로 기존의 향미를 한층 개선했다.

술 원본 레시피를 따를 생각이라면 하우스 보드카를 사용한다. 고유의 맛과 향미를 더 풍부하게 즐기려면 아이리시 위스키를 넣는다.

프라페 이탈리아노

이탈리아에서 뜨거운 오후 햇살을 맞으면서 떠올린 얼음장처럼 차가운 프라페다. 스타벅스의 고전 메뉴를 변형했다. 달콤하면서도 씁쓸한 맛과 허브 향을 즐길 수 있다. 이탈리아에서 식후 입가심으로 자주 마시는 세 가지 술에 얼음을 섞어서 온도를 낮추고 콜드브루 커피로 각성 효과를 내면 더위를 날리는 이탈리아식 핵폭탄이 탄생한다.

마르살라 수페리오레 돌체 포티파이드 와인 30㎖
아마로 라마조띠 20㎖
페르넷 브랑카 10㎖
콜드브루 커피 45㎖
아마레나 체리 시럽 10㎖
으깬 얼음 1스쿱

가니쉬

신선한 민트
아마레나 체리 1개

재료를 슬러시처럼 부드러워질 때까지 갈아서 고블릿 글라스나 일회용 커피잔에 담는다. 가니쉬로 민트와 아마레나 체리를 올린다.

 커피 좋아하는 콜드브루나 콜드 드립 커피를 넣어라. 절대 실패하지 않는다.

술 마르살라는 이탈리아산 포트 혹은 셰리와 비슷한 급으로 평가받는 시칠리아산 포티파이드 와인이다. 수페리오레 돌체는 달고 2년 이상 묵었다는 뜻으로 보면 된다. 보통 무화과, 설타나, 아몬드, 말린 과일, 꿀 향이 나고 끝 맛은 기분 좋게 달다. 라마조띠는 디제스티보로 내는 아마로 리큐어다. 다크 베리, 콜라, 오렌지 향미가 나며 끝 맛이 달콤하면서도 씁쓸하다. 페르넷 브랑카는 굉장히 쓴 허브 향 디제스티보다(마시면서 정드는 술이라는 속설이 있다).

팝 잇 라이크 잇츠 핫

이름만으로 설명이 가능한 칵테일이다. 만들기 쉽고 친구에게 대접하면 재미있는 추억을 남길 수 있다.

몽키 숄더 위스키 40㎖
콜드브루 커피 40㎖
우유 90㎖
바닐라 아이스크림 2스쿱
캐러멜 팝콘 4개
캐러멜 소스 30㎖
소금 한 자밤

가니쉬
캐러멜 소스
휩트 바닐라 크림
캐러멜 팝콘

밀크셰이크 잔에 캐러멜 소스를 조금 붓는다. 으깬 얼음 반 스쿱과 재료를 섞어서 간 다음, 잔에 따른다. 가니쉬로 휩트 바닐라 크림과 캐러멜 팝콘을 올린다. 취향에 따라 캐러멜 소스를 추가해도 좋다.

 커피 콜드브루를 넣으면 실패할 일이 없다.

술 몽키 숄더는 세 가지 스페이사이드 위스키가 조화를 이루는 트리플 몰트 위스키다. 풍부한 허니 몰트의 향미가 캐러멜과 팝콘과 조화롭게 어우러진다. 간단하게 만들고 싶다면 보드카로 대체한다.

넷플릭스 앤 칠

맛있으면서도 당돌한 칵테일이다. 집에서 연인과 함께 넷플릭스를 볼 때 즐길 디저트를 생각하다가 떠올렸다. 아이스크림통은 재미를 배가하는 요소지만 어디까지나 선택 사항이다. 남은 아이스크림을 긁어내서 블렌더에 넣고 통을 컵으로 쓰면 설거짓거리를 줄일 수 있다고 판단했다. 레시피를 그대로 따라 하면 2인분이지만, 일반 잔에 만들면 1인분이 된다. 마카다미아 너트 브리틀, 솔티드 캐러멜, 벨지안 초콜릿 같은 독특한 맛으로도 대체할 수 있다.

2인분

버번 90㎖
콜드브루 커피 45㎖
쿠키 맛 아이스크림 4스쿱
우유 120㎖
메이플 시럽 60㎖
소금 한 자밤

가니쉬

휩크림
쿠키 1개
쿠키 부스러기

재료를 갈아서 커다란 유리그릇이나 아이스크림통에 담는다. 가니쉬로 마무리한다.

 커피 콜드브루를 사용하면 실패의 여지가 없다. 사실, 향이 강한 커피라면 아무 종류나 써도 된다. 에스프레소, 네스프레소, 모카 포트 정도가 있겠다.

술 쿠키 맛 아이스크림에는 버번이나 잭 다니엘이 잘 어울린다.

커피 라키 로드

초콜릿, 커피, 산딸기, 아이스크림에 구운 마시멜로를 올린 칵테일이다. 호불호가 갈리겠지만, 나와는 상관없는 일이다. 한 친구의 생일 파티 때 만든 적이 있는데, 촛불을 꽂아서 바보 같은 모자와 함께 선물했다.

보드카 45㎖
콜드브루 커피 30㎖
커피 리큐어 15㎖
산딸기 퓨레 20㎖
우유 90㎖
바닐라 아이스크림 2스쿱
초콜릿 소스 45㎖
바닐라 시럽 10㎖
소금 한 자밤

가니쉬

초콜릿 소스
쿠키 부스러기
토치로 구운 마시멜로와 구운 계피 약간

잔 : 밀크셰이크 잔 테두리를 초콜릿 소스와 쿠키 부스러기로 장식한다.

칵테일 : 으깬 얼음 반 스쿱과 재료를 섞어서 간 다음, 잔에 따른다. 마시멜로를 올리고 토치로 구운 다음, 계피를 조금 얹는다.

 커피 콜드브루나 에스프레소라면 무엇이든 괜찮다.

술 좋아하는 보드카를 넣는다. 케이크, 초콜릿 체리, 쿠키처럼 특이한 맛의 아이스크림과도 잘 어울린다.

뉴욕 카페 크림

뉴욕 에그 크림은 1920년대에 뉴욕의 한 유대인 이민자가 만들었다고 전해지는 클래식 칵테일이다. 이름과는 다르게 오늘날에는 달걀도 크림도 들어가지 않는다. 원래부터 달걀과 크림으로 만드는 칵테일이 아니었다는 설도 있고 시간이 지나면서 레시피가 바뀌었다는 주장도 있다. 나는 달걀과 크림을 모두 사용하지 않으며, 대신 다른 사치스러운 재료를 넣는 것을 좋아한다.

버번 위스키 45㎖
모차르트 다크 초콜릿 리큐어 20㎖
아몬드 우유 90㎖
콜드브루 커피 30㎖
구운 카카오 시럽 15㎖(아래 참조)
으깬 얼음 ½스쿱
탄산수 45㎖

가니쉬

부지 초콜릿 가나슈(200쪽 참조)
구운 카카오닙스

구운 카카오 시럽

으깬 카카오닙스 300g
정제당 500g
코코넛 설탕 500g

구운 카카오 시럽 : 으깬 카카오닙스를 냄비에 넣고 살짝 굽는다. 적당히 익으면 정제당과 코코넛 설탕을 넣고 가열한다. 재료가 부드럽게 풀리면 물을 1ℓ 넣고 저으면서 뭉근하게 끓인다. 잘 저어서 설탕을 다 녹이고 식힌 다음 걸러서 병에 담는다.

잔 : 높은 잔을 준비해서 입이 닿는 부분을 부지 초콜릿 가나슈에 담갔다가 뺀다. 구운 카카오닙스를 뿌려 장식한다.

칵테일 : 탄산수를 제외한 모든 재료를 넣고 얼음과 함께 간다. 적당히 부드러워지면 잔에 담는다. 탄산수를 붓고 거품이 올라오는 모습을 감상한다.

커피 콜드브루라면 무엇이든 좋다.

술 버번과 커피 그리고 초콜릿이라…. 생각만 해도 군침이 돈다. 입문자 수준의 버번을 선택하라. 나는 모차르트 다크 초콜릿 리큐어를 사용하는데, 제법 맛이 좋다. 여건이 안 된다면 베일리스 쇼콜라 럭스 리큐어 같은 제품을 사용해도 무방하다.

카페 콜라다

피나콜라다를 교묘하게 재해석한 칵테일이다. 수많은 행사에서 많은 사람을 즐겁게 해주며 진가를 증명했다. 파인애플을 커피로, 코코넛 크림을 코코넛 럼으로 바꾸고 향신료를 약간 넣은 다음, 으깬 얼음과 프리미엄 럼과 함께 블렌더에 넣고 갈아서 마시면 피나콜라다 특유의 느끼한 크림 없이 부드럽고 풍부한 맛을 즐길 수 있다. 잔을 먹을 수 있는 재료로 코팅하여 재미있는 변화를 주었다.

론 자카파 23 럼 45㎖
콜드브루 커피 45㎖
코코넛 럼 15㎖
캐리비안 스파이스드 시럽 15㎖(아래 참조)
으깬 얼음 ¼스쿱
초콜릿 비터스 2대시

가니쉬/잔 코팅

코코넛 리큐어
코코넛 채
바닐라 빈 분말
코코아 분말

캐리비안 스파이스드 시럽

올스파이스 분말 1g
육두구 분말 1g
생강 분말 0.3g
광천수 1ℓ
정제당 1.8kg
순수 바닐라 추출물 3g
코코넛 설탕 200g

캐리비안 스파이스드 시럽 : 냄비에 향신료 분말을 넣고 가볍게 굽는다. 물을 넣고 끓이다가 정제당과 바닐라 추출물을 추가한다. 완전히 녹을 때까지 뭉근하게 끓인다. 가는 거름망으로 걸러서 덜 녹은 덩어리를 분리한 다음, 코코넛 설탕을 넣고 저으면서 녹인다. 식혀서 살균한 병에 옮겨 담는다. 냉장 보관하면서 8주 안에 모두 사용한다.

잔 : 아토마이저 병에 코코넛 리큐어를 담아서 올드 패션드 글라스(둥근 잔이 좋다) 바깥 면에 뿌린다. 코코넛 채와 바닐라 빈 분말, 코코아 분말을 섞어서 잔을 장식한다. 나는 손가락을 더럽히지 않고 먹을 수 있는 손잡이가 있으면 이성을 잃고 잔 전체를 코팅하고는 한다.

칵테일 : 재료를 얼음과 함께 갈아서 묽고 부드러우며 차가운 액체로 만들고 미리 코팅해놓은 잔에 담는다. 코코넛 채를 올려 마무리한다.

 커피 나는 향이 풍부한 과테말라산 원두를 주로 사용한다. 럼과 잘 어울리기 때문이다. 직접 써본 결과, 남미산 원두도 괜찮았다.

술 론 자카파 특유의 풍부하고 복잡한 향미가 다른 재료와 어우러지면서 향신료 향을 살려낸다.

6

홈메이드
커피 칵테일 재료

나는 칵테일 레시피를 연구하는 동시에 직접 만들어 맛있고 편리하게 사용할 수 있는 다양한 커피 칵테일 재료 레시피도 개발했다. 참고하면, 책의 칵테일 레시피를 따라 하거나 자신만의 칵테일을 만드는 작업이 더 편해질 것이다. 레시피를 개척하는 일에 정도란 없다. 내가 가끔 여러분에게 다양한 선택지를 주는 이유도 여기에 있다. 가장 마음에 드는 방식을 선택하라. 결과가 달라지기는 해도, 질이 떨어지지는 않는다.

바텐더의 팁

- 제조를 시작하기 전에 필요한 재료와 장비를 작업대에 모두 올려둔다. 동선 낭비를 줄이기 위함이다.
- 장비와 재료의 위치를 파악하고 작업 능률을 높이기 위해 주변을 청결하게 유지한다.
- 필요한 경우 바로 수정할 수 있도록 맛보기를 게을리하지 않는다.
- 결과를 기록한다. 그래야 다시 만들 때 참조하거나 개선할 점을 찾기 쉽다.
- 식품 안전, 주류법, 위험한 식자재와 장비에 유의하라.

커피 시럽 간편한 콜드브루 방식

많은 바텐더가 커피 향 시럽을 직접 만들어 사용하는 이유는 자신의 개성을 음료에 간단하게 담아낼 수 있기 때문이다. 좋은 커피 시럽은 쓸모가 많다. 설탕을 첨가하면 커피의 보관 기간이 늘어나고 산화 속도가 느려지므로 갓 추출한 커피의 향미를 오랫동안 보존할 수 있다. 또한 커피의 향미를 높이고 칵테일과 목테일에 들어간 신맛과 쓴맛의 균형을 잡아준다. 크림, 도넛, 케이크, 디저트에 넣어서 맛을 한 단계 끌어올리기도 한다. 간단한 석류즙 시럽부터 복잡한 아몬드 시럽까지, 시럽에도 다양한 종류가 있으며 만드는 방식 역시 여러 가지다. 만드는 과정에서 계피, 바닐라 빈, 육두구, 생강, 정향, 올스파이스, 카카오닙스 등 좋아하는 향신료를 첨가하면 복합미를 높이는 효과를 볼 수 있다. 아래와 185쪽에 내가 직접 만들었을 때 만족스러운 결과를 얻은 레시피를 소개해두었다. 필요에 따라 그대로 따라 하거나 자신만의 레시피를 만드는 데 참조하도록 한다.

콜드브루 커피 원액 250㎖(토디 시스템 사용 : 커피 250g 물 1ℓ, 18시간)
설탕 시럽 500㎖(물과 설탕을 1:2로 섞어 만든다. 55쪽 참조)
소금 한 자밤

실온의 재료를 깨끗한 믹싱 볼에 담고 잘 저어서 섞는다. 간을 보고 커피나 설탕을 더하면서 균형을 맞춘다. 깔때기를 사용해 살균한 병에 담고 냉장 보관한다. 4주 안에 모두 사용한다.

커피와 설탕 시럽이 담긴 믹싱 볼에 원하는 향신료를 넣고 저온에서 우려낸다. 계피 같은 향신료를 하나만 넣어도 되지만 여러 가지를 함께 투입해도 무방하다. 계속 맛을 보다가 적당히 우러났다고 생각하면 가는 거름망(42쪽 참조)을 이용해 걸러낸다.

주의 : 계피나 정향처럼 맛이 강한 향신료는 향이 금방 우러난다. 그러니 처음부터 많이 넣지 말고 소량으로 시작해서 조금씩 양을 늘려간다. 소금은 시럽의 향미를 부드러우면서도 달콤하게 끌어올리는 역할을 하므로 빠져서는 안 된다.

커피 시럽 스토브탑 핫브루 방식

고전 방식이고 약간의 기술이 필요하지만, 품질이 올라가면 올라갔지, 떨어지지는 않는다. 오랫동안 맛있는 커피 시럽을 즐기고 싶다면 도전하라.

굵게 간 커피 150g
물 700㎖
정제당 1kg
소금 한 자밤

냄비에 커피와 물을 넣고 천천히 열을 가하면서 3분간 끓인다. 고운체에 거른 다음, 설탕과 소금을 넣는다. 설탕이 녹을 때까지 저으면서 끓인다. 불을 너무 세게 해서는 안 된다.

맛을 보면서 커피 향이 충분히 우러났는지 확인한다. 향이 적당히 뱄다면 거름망(42쪽 참조)이나 고운 면직물로 걸러서 식힌다.

깔때기를 사용해 살균한 병에 담고 6주까지 냉장 보관한다.

주의 : 원하는 향신료를 첨가하기 쉬운 레시피다. 그냥 커피와 함께 냄비에 넣어 가열하면서 향미를 우려낸 다음, 커피를 걸러낼 때 함께 건지면 된다.

커피 리큐어 콜드브루 블렌드 방식

시럽 만들기에 성공했다면 리큐어에 도전할 차례다. 알코올을 넣으면 시럽의 향미가 오래 유지되고 보관 기간이 늘어나며 더 깔끔한 단맛을 낼 수 있다. 사용하는 방법에 따라 다르겠지만, 커피의 향미를 효율적으로 추출할 수도 있다. 아래의 방법은 184쪽에 설명한 콜드브루 시럽을 약간 수정한 형태다.

콜드브루 커피 원액 250㎖(토디 시스템 사용 : 커피 250g, 물 1ℓ, 18시간)

설탕 시럽 250㎖(물과 설탕을 1:3으로 섞어 만든다. 55쪽 참조)

증류주 300㎖

소금 한 자밤

실온의 재료를 깨끗한 믹싱 볼에 담고 잘 저어서 섞는다. 간을 보고 커피, 설탕, 증류주를 더하면서 균형을 맞춘다. 깔때기를 사용해 살균한 병에 담고 냉장 보관한다. 6달 안에 모두 사용한다.

 술 독한 술이 좋다. 에버클리어가 딱 맞지만 쉽게 구할 수 있는 제품은 아니다. 나는 에버클리어가 커피 리큐어를 담기에 안성맞춤이라는 사실을 깨달은 뒤에도 여러 가지 술로 실험을 이어나가면서 더 좋은 결과를 내는 증류주를 몇 가지 찾아냈다. 라이 위스키, 버번, 묵은 럼, 레포사도 테킬라, 브랜디, 다양한 스카치 위스키, 캐나디안 위스키, 아이리시 위스키 정도가 맛이 괜찮다. 모두 완성품에 특유의 개성이 묻어나오는 술이다.

주의 : 시럽과 마찬가지로, 향신료를 넣어 향을 입히기 쉽다. 믹싱 글라스에 원하는 향신료와 커피, 설탕 시럽, 증류주를 함께 넣고 저온에서 우린다. 계속 간을 보다가 원하는 맛이 나면 걸러서 분리한다. 아니면 모든 재료를 진공팩에 넣고 50℃에서 3시간 동안 수비드로 조리해도(204쪽 참조) 결과는 비슷하다.

커피 리큐어 침용 방식

12시간에 걸쳐 증류주에 커피 향을 우리고 설탕으로 마무리한다.

굵게 간 블렌디드 에스프레소 로스트
   커피 150g
증류주 700㎖
정제당 500g
소금 한 자밤

커다란 병이나 프렌치 프레스에 커피와 증류주를 함께 담는다. 12시간 정도 우린 다음, 거름망(42쪽 참조)이나 고운 면직물로 거른다.

설탕을 넣고 꾸준히 저으면서 모두 녹인다. 간을 보고 단맛을 조절한다. 깔때기를 사용해 살균한 병에 담고 8달까지 냉장 보관하며 사용한다.

찬물에 우리는 대신 모든 재료를 진공팩에 넣고 50℃에서 3시간 동안 수비드한 다음, 앞서 설명한 방식으로 거르면 작업을 빠르게 끝낼 수 있다.

주의 : 마찬가지로 원하는 향신료를 넣어서 향을 첨가하기 쉬운 레시피다. 커피와 증류주를 섞을 때 계피, 바닐라 빈, 육두구, 생강, 카카오닙스 등을 함께 넣으면 된다.

커피 얼음

이번 레시피는 여러분이 선호하는 커피의 농도에 따라 수정하도록 한다. 커피를 냉동실에 넣어 각얼음으로 만드는 일은 원숭이도 할 수 있다. 하지만 내가 직접 시도하면서 깨달은 아래의 팁은 모를 것이다.

콜드브루 커피 500㎖(184쪽 참조)
광천수 300㎖

살균한 용기에 재료를 넣어 섞은 다음, 맛을 보면서 농도를 판단한다. 적당히 희석해서 냉동실에 넣는다.

냉동 팁

- 바닐라 추출물 같은 향신료나 비터스를 같이 넣어 얼려서 향을 첨가해도 좋다.
- 음식을 보관하는 냉동실에서 얼리면 잡내가 섞이기 쉽다. 따라서 얼음, 잔, 증류주만 보관하는 냉동실에 넣는 것이 바람직하다.
- 평범한 얼음틀도 좋지만 여러 가지 용기를 사용하여 다양한 모양과 크기의 얼음을 만드는 것을 추천한다.

커피 소다

커피 시럽 만들기에 성공했다면 이를 이용해 간단하게 커피 소다를 만들 수 있다. 139쪽에 등장하는 카페 코로나의 재료인 스파이스드 커피 소다를 제조해도 좋다.

홈메이드 커피 시럽 150㎖

차갑게 식힌 광천수 550㎖(차가워야 탄산 주입 속도가 빠르다)

말산 0.01g(시트르산이나 타타르산도 괜찮다)

1ℓ 용량의 소다 사이펀에 모든 재료를 넣고 이산화탄소 카트리지를 장착하여 가스를 주입한다. 30분 동안 찬 곳에 보관했다가 사용하는 것을 추천한다.

필요하다면 가스를 더 충전한다.

주의 : 말산을 극소량 첨가하라. 질감이 강해지고 보관 기간이 늘어난다.

배럴 에이지드 커피 리큐어

앞에서 소개한 커피 리큐어 중 하나를 오크통이나 병에 담고 시원한 장소에서 숙성하면 배럴 에이지드 커피 리큐어를 만들 수 있다.

바텐더의 주의 사항과 팁

- 오크통 숙성은 여러분의 작품에 향을 하나 더 추가하는 작업이라고 봐도 무방하다. 오크 향이 너무 약해도 티가 나지 않지만 과하면 다른 재료의 향이 눌린다. 그러니 자주 맛을 보고 적당한 시점에서 음료를 옮기도록 한다. 오크 향이 너무 많이 들어갔다면, 다른 재료를 더 투입해서 다시 균형을 맞추면 된다.
- 숙성하는 동안 알코올이 증발하므로 시간이 지날수록 도수가 낮아진다. 또한 설탕 비율이 상승하면서 단맛이 강해진다.
- 최근에 제조한 용기일수록 오크 향이 빨리 우러난다.
- 오래되거나 한 번 사용한 오크통이나 병에 술을 담으면 결과가 달라질 수 있다. 지난번에 담았던 술의 향이 남아 있으므로 나무 향이 배는 속도가 느리기 때문이다. 또한 예전에 넣었던 술의 향이 이번에 넣은 술에 밸 수도 있다. 이러한 현상을 프리 시즈닝이라고 한다. 이전에 어떤 술이 있었느냐에 따라 새로 넣은 술의 향미가 좋아질 수도 반대로 나빠질 수도 있다. 술을 스위트 맨해튼을 담았던 통에 넣으면 호밀이나 로쏘 베르무트 향이 나지만, 네그로니가 있던 통에 보관하면 전혀 바람직하지 않은 향미가 생기는 이유가 여기에 있다.
- 마찬가지로, 커피 리큐어를 숙성했던 용기에 술을 담으면 커피 향을 입힐 수 있다. 잘 이용하면 칵테일을 만들 때 많은 도움이 된다.

피그 앤 헤이즐넛 콜드브루

구운 견과의 미묘한 향과 말린 무화과의 풍부한 향을 콜드브루 커피에 녹여낼 때 사용한다. 커피 본연의 향미를 흐리는 방식이므로 순수한 커피 맛을 좋아하는 사람이라면 호불호가 갈릴 수 있다. 하지만 많은 바리스타가 전례 없는 향미의 조합을 선보이려 연구하고 있으므로 이처럼 커피에 다른 재료를 우려서 향을 섞는 방식 역시 곧 주류로 떠오르리라고 생각한다. 나는 살구, 카카오, 브라질 너트, 아몬드, 캐슈, 히비스커스 꽃 등의 재료를 우렸을 때 커피에 어떤 향이 배는지 실험하고 있다. 커피의 존재감을 과하게 압도하거나 망치지 않는 선에서 자연스럽게 향미를 입히는 것이 핵심이다.

광천수 1,250㎖
굵게 간 커피 200g
말린 무화과 잘게 썬 것 150g
굵게 간 헤이즐넛 구운 것 100g

헤이즐넛, 무화과, 커피를 섞는다. 혼합물을 천에 담아 물에 넣고 우려서 콜드브루 커피를 만든다.

차갑고 건조하며 어두운 장소에서 18시간 동안 보관한다. 거름망, 고운 면직물, 토디 필터(41쪽 참조)로 거른다. 거른 뒤에는 반드시 냉장 보관한다.

커피 비터스

향기로운 칵테일 비터스를 간단히 설명하자면 식물 추출물, 허브, 뿌리, 꽃, 향신료를 알코올 용액에 우려서 오일, 산, 타닌, 향미, 향을 뽑아낸 씁쓸한 추출액이다. 요즘은 시중에 다양한 제품이 출시되면서 무엇을 골라야 할지 모를 정도로 선택지가 넓어졌다. 열정 넘치는 생산자들이 우리 대신 시간과 노력, 돈을 들여 질 좋은 비터스를 제조하여 판매하므로 직접 비터스를 만들 필요는 없다. 하지만 커피 비터스의 경우, 내가 볼 때 선택지가 많은 편은 아니다. 사실, 두바이에서는 비터스 기성품을 아예 구할 수 없기에 나는 실험을 통해 나만의 비터스 만드는 방법을 터득해야 했다. 커피에서 쓴맛과 신맛을 내는 성분은 알코올에 빠르게 녹일 수 있다. 하지만 완성품의 맛을 끌어올리는 일은 별개의 문제이므로 곧 소개할 레시피를 찾아내기까지 뼈아픈 실패를 겪어야 했다. 바닐라를 살짝 곁들이면 커피 맛을 다듬고 기분 좋은 향을 더할 수 있으며 용담 뿌리(앙고스투라 비터스에 사용하는 재료로 유명하다)를 첨가하면 복합미와 강렬한 쓴맛을 불어넣어서 칵테일에 섞었을 때 존재감이 묻히지 않도록 할 수 있다.

바닐라 빈 30g

케텔 원 보드카 750㎖

불릿 버번 250㎖

중간 정도로 간 커피 250g(케멕스로 내린 것)

말린 용담 뿌리 굵게 간 것 1.5g

스미노프 블루 라벨 보드카(50도) 100㎖

바닐라의 씨주머니를 쪼개서 깍둑썰기하거나 작은 조각으로 간다. 살균한 커다란 유리병에 케텔 원, 불릿 버번, 커피와 함께 담는다. 살짝 저어서 행주로 감싼다. 빛을 차단하고 이산화탄소가 빠져나오는 일을 예방하기 위함이다.

다른 병에 용담 뿌리와 스미노프 보드카를 섞어서 밀봉한다. 두 병 모두 서늘하고 건조하며 어두운 장소에서 보관한다.

커피 용액은 48시간 뒤에, 용담 용액은 96시간 뒤에 거른다. 고운 천 필터를 사용해 여과한 다음, 물로 한 번 씻어낸 종이 필터로 한 번 더 걸러서 불순물을 최대한 제거한다.

하나씩 맛을 본 다음, 용담 용액을 커피 용액에 조금씩 넣으면서 간을 맞춘다. 커피의 종류에 따라 다르지만 나는 80~90㎖를 커피 용액에 섞는다.

주의 : 카카오닙스나 계피 같은 재료를 추가하여 쓴맛과 복합미를 더해도 좋다. 증류주에 따로 우려서 별개의 용액을 만든 다음, 다른 용액과 섞는 식으로 해야 나중에 만들 때도 같은 맛을 낼 수 있다.

 커피 미디움 로스트 허니 프로세스 싱글 오리진 아라비카를 추천한다. 내가 콜드브루를 내릴 때 자주 쓰는 원두다. 맛이 풍부하고 카카오나 캐러멜 향이 나는 콜롬비아나 과테말라산 원두가 좋다.

술 도수에 따라 향미 추출 수준이 상당히 달라진다. 독한 술이 좋지만 구하기 어려우므로 괜찮은 보드카로 대체해도 무난하다. 다른 증류주도 나쁘지는 않지만, 향이 강한 제품이라면 넣은 재료의 존재감이 사라질지도 모른다. 따라서 나는 레시피에서 설명한 조합을 그대로 지키는 편이다. 정말 독하게 만들고 싶다면 메스칼이나 피티드 위스키 같은 증류주를 소량 첨가해서 연기 맛을 더하라. 하지만 비용이 많이 들고 성공을 보장할 수 없다.

커피 인퓨즈드 베르무트

달콤한 베르무트에 짙은 커피 향을 곁들이는 레시피다. 나는 스터드 칵테일에 미묘한 커피 향을 더할 때 자주 사용한다. 커피 향의 농도는 베르무트에 들어가는 분쇄 커피의 양으로 조절한다.

로쏘(달콤한) 베르무트 700㎖
굵게 간 커피 100g

살균한 용기에 재료를 넣어 섞고 천으로 감싼다. 서늘하고 건조하며 어두운 곳에서 2~6시간 동안 숙성한다.

토디 필터(41쪽 참조)나 고운 거름망(42쪽 참조)으로 걸러서 병에 담아 냉장 보관한다.

 커피 들어가는 베르무트와 잘 어울릴 법한 싱글 오리진 로스트를 고른다.

술 베르무트는 브랜드마다 특징이 가지각색이므로, 베르무트의 종류를 먼저 정하고 맛을 본 다음, 우려낼 커피를 고른다. 베르무트를 약간 덜어서 로스터에게 가져다주면 맛을 보고 어울리는 커피를 추천해줄 것이다. 콜드브루를 베르무트에 섞어보면 실제로 우렸을 때 어떤 결과가 나올지 예상할 수 있다.

커피 인퓨즈드 스피릿 침출 방식

앞에서 설명한 베르무트 레시피와 마찬가지로, 재료의 비율은 선호하는 커피 향의 농도에 따라 달라진다. 나는 언제나 커피와 증류주의 균형을 완벽하게 맞추려고 하는데, 증류주가 주연을, 커피는 증류주를 돋보이게 하는 조연을 맡아야 마땅하다고 본다. 다른 추출 방식과 마찬가지로, 증류주와 잘 어울리는 고급 커피를 선택하도록 한다.

증류주 700㎖
굵게 간 커피 80g

살균한 용기에 재료를 넣어 섞고 천으로 감싼다. 서늘하고 어두운 곳에서 16시간 동안 숙성한다.

거름망(42쪽 참조), 고운 면직물, 토디 필터(41쪽 참조)로 거른다.

주의 : 나는 종이 필터로 침출하는 방식을 여러 차례 시도한 적이 있다. 하지만 종이 필터를 사용하면 증류주 고유의 특징이 사라지며 내 취향보다 단맛이 줄고 향신료 향은 강해진다는 사실을 깨달았다. 어쩔 수 없이 종이 필터를 사용해야 한다면 물을 1~2ℓ 정도 부어서 씻은 다음 걸러라. 필터의 작은 구멍이 열리면서 여과되는 성분이 줄어들므로 증류주의 특색이 흐려지는 일을 어느 정도 막을 수 있다.

니트로 인퓨즈드
커피 스피릿 니트로 캐비테이션 방식

마찬가지로 기호에 따라 재료 비율을 수정해도 좋다. 나는 증류주에 커피 향이 살짝 느껴질 정도로 우리는 편이지만, 커피를 더 넣어서 진하게 즐겨도 괜찮다. 따로 좋아하는 향이 있다면 침출 과정에서 첨가해도 무방하다. 바닐라 빈, 육두구, 말린 오렌지 정도가 있겠다.

증류주 600㎖
굵게 간 커피 150g

깨끗하게 세척한 휘핑기에 증류주와 커피를 함께 넣는다. 꽉 잠그고 섞은 다음, 이산화질소 카트리지 2개로 가스를 주입한다. 흔든 다음 3분 동안 기다렸다가 가스를 빼내고 거름망, 고운 면직물, 토디 필터(41쪽 참조) 중 하나로 거른다. 병에 담아 보관한다.

티라미수 아이스크림

나는 저녁 식사를 마친 뒤에 티라미수를 반드시 먹어야 하는 사람이라는 사실을 먼저 인정하고 시작하겠다. 집에서 만든 티라미수 아이스크림을 이용해 칵테일을 개발하는 것은 어찌 보면 지극히 당연한 일이었다. 실험 과정은 상당히 재미있었고 결과 역시 대단했다. 두 가지 방법을 소개할 텐데, 모두 꽤 비싼 장비를 사용해야 부드러운 식감을 낼 수 있다. 여건이 안 된다면 공기가 듬뿍 들어가도록 반죽을 강하고 빠르게 섞어서 완성하라. 냉동 보관하다가 필요할 때마다 덜어 먹도록 한다.

콜드브루 커피 200㎖
마스카르포네 200g
헤비 크림 300㎖
달걀노른자 1개
VS급 코냑 120㎖
꿀 45㎖
다크 크렘 드 카카오 45㎖

블렌더에 재료를 넣고 잘 섞는다.

방법 1 : 아이스크림 기계에 넣고 걸쭉하고 부드러운 식감이 될 때까지 기다린다.

방법 2 : 얼린 다음, 파코젯에 장착하여 곱게 간다.

커피 폼

2006년을 전후로 바텐더들은 커피 폼을 특별한 재료로 여기기 시작했으며 지금까지 다양한 나라에서 커피 폼 유행이 퍼져나갔다. 초기에는 주방에서 등장하는 독특한 음식에 관심을 가진 바텐더들이 요리사에게 배운 방법을 사용했다. 다양한 방식으로 에어나 폼을 만들 수 있지만, 대개 달걀흰자, 레시틴, 수크로스 같은 유화제와 향미제를 사용하며 설탕을 넣는 경우가 많다. 아래의 레시피를 통해 칵테일 위에 올려도 질척이거나 무너지지 않고 부드러운 식감을 내는 폼을 쉽게 만들 수 있다.

저온 살균한 달걀흰자 150㎖
진한 콜드브루 커피 150㎖
설탕 시럽 150㎖(55쪽 참조)
수크로 2.2g(199쪽 참조)
산타나 1.2g(199쪽 참조)

살균한 용기에 재료를 넣고 이머전 블렌더로 섞는다. 아이에스아이 휘핑기에 담고 이산화질소 카트리지 2개를 사용해 가스를 주입한다(이산화탄소가 아니다).

냉장 보관하면서 필요할 때 꺼내 사용한다. 2주 안에 모두 사용한다.

커피 에어

커피 에어는 폼보다 가볍고 푹신하며 거품이 크다. 카푸치노 거품보다는 거품 목욕에 사용하는 거품에 가깝다고 생각하면 이해하기 편하다. 레시틴이나 수크로스 같은 유화제를 향미제와 함께 섞으면 되는데, 방법이야 많다. 나는 텍스투라스 제품군의 수크로 혹은 산타나를 사용하는데, 레시틴을 넣었을 때보다 결과물이 안정적이면서 쫀쫀하고 부피가 크다. 아래의 레시피를 따르면 칵테일 위에 올라갔을 때 무너지지 않는 부드러운 에어를 간단하게 만들 수 있다.

진한 콜드브루 커피 150㎖
수크로 6g
산타나 0.2g

살균한 용기에 재료를 넣고 이머전 블렌더나 전기 거품기로 섞는다. 입구가 넓은 용기로 옮겨 담고 어항 산소 공급기(반려동물 가게에서 판매한다) 호스를 연결한다. 스위치를 켜고 거품이 올라오는지 확인한다.

거품을 떠서 음료에 넣는다. 산소 공급기를 끄고 보관하다가 필요할 때마다 켜서 사용한다. 나는 매일 필요한 만큼 만들고 남으면 버린다.

초콜릿 커피 가나슈

부드럽고 풍부한 맛을 자랑하는 초콜릿 가나슈는 말 그대로 신의 선물이다! 만들려면 좋아하는 초콜릿에 뜨거운 크림과 버터만 넣으면 된다. 커피와 술을 넣으면 수준이 훨씬 올라간다. 제대로 만들었다면 냉동실에 몇 달 정도는 보관해도 괜찮으며, 다른 음료 없이 부드러운 액체 초콜릿만 마셔도 맛있다. 잔 테두리를 장식하거나(201쪽 왼쪽 아래와 오른쪽 아래 사진) 칵테일과 디저트에 곁들일 수도 있다.

다크 초콜릿 조각 300g(카카오 함유량 60% 정도)
휘핑크림 400㎖
무염 버터 스틱 25g
콜드브루 커피 105㎖
마다가스카르 바닐라 추출물 2㎖
소금 한 자밤
버번 105㎖

물 300㎖를 냄비에 부어 끓인다.

중간 크기의 내열 그릇에 초콜릿을 담고 옆에 둔다.

크림, 버터, 커피, 바닐라 추출물을 다른 냄비에 넣고 저으면서 끓을 때까지 중간 불로 가열한다(201쪽 오른쪽 위 사진).

물이 끓는 냄비 위에 초콜릿 그릇을 올린다. 크림과 버터 혼합물을 초콜릿에 붓고 섞는다(201쪽 왼쪽 중간 사진).

강하게 휘저으면서 천천히 버번을 넣는다. 갈라지면 크림을 더 넣으면서 부드러워질 때까지 젓는다. 숟가락을 넣었다 뺐을 때, 뒤에 붙은 초콜릿이 액체처럼 뚝뚝 떨어져야 한다(201쪽 오른쪽 중간 사진). 소금으로 간한다.

가열을 멈추고 식힌다. 어느 정도 식으면 살균한 소스통에 담아서 냉장 보관한다.

홈메이드 커피 칵테일 재료 201

커피 오드비 아로마

회전증발농축기는 사실 실험실에서나 볼 법한 장비인데, 진공 환경에서 수분을 제거할 때 사용한다. 바꾸어 말하면, 향미가 변할 만큼 강한 열을 가하지 않아도 재료의 정수를 추출할 수 있다는 뜻이다. 회전 증발기가 등장하면서 바텐더들은 칵테일에 들어갈 흥미로운 재료를 만들고 실험할 기회를 얻었다. 나는 파인애플 진, 캐러멜화한 바나나, 가죽, 땅콩버터, 갓 자른 풀 등을 이용해 쓸모 있는 칵테일 재료를 추출했다. 아래의 설명을 따라 음료에 넣거나 뿌릴 수 있는 깔끔한 커피 아로마를 뽑아보자.

콜드브루 커피 보드카 500㎖(물 대신 보드카를 사용해 5:1 비율로 진하게 우려낸 침출식 콜드브루 커피)

깨끗한지, 열린 밸브가 없는지, 회수 플라스크를 제대로 장착했는지 점검한다. 전원을 켜고 냉각기를 영하 12℃로 설정한다. 항온 수조에 실온의 물을 넣고 온도를 30℃로 맞춘다.

냉각기와 수조에 넣은 물의 온도가 설정대로 변했다면, 커피 보드카를 증발 플라스크에 붓고 단단히 고정한 다음, 내려서 물에 담근다.

외부 진공 펌프를 가동한다. 회전수를 150으로 맞추고 회전시킨다. 주의: 빨리 돌릴수록 증류 속도가 빨라진다. 최고의 결과를 얻고 싶다면 첫 10~15분은 주의 깊게 지켜보면서 플라스크가 제대로 도는지, 항온 수조의 물 온도가 설정한 대로 유지되는지 확인해야 한다. 끓어오르는 사고가 일어나지 않도록 계속 지켜보면서 필요에 따라 조절해주어야 효율성이 올라간다. 증류 과정에서 설정값을 벗어나는 경우가 있다.

증류액 냄새가 난다면, 응축기 온도가 충분히 내려가지 않았거나 밸브가 열려서 소중한 성분이 엄한 곳으로 샌다는 뜻이다. 혼합물에 거품이 생기기 시작하면 끓으면서 증류를 망칠 수 있다. 이럴 때는 항온 수조의 온도를 내리고 회전 속도를 낮추면서 안정적으로 작업을 이어나가라. 그렇다고 증류 속도를 너무 늦추어서는 안 된다.

증발 플라스크의 내용물이 걸쭉해지면서 질척한 반죽처럼 변하면 작업이 끝났다는 뜻이다.

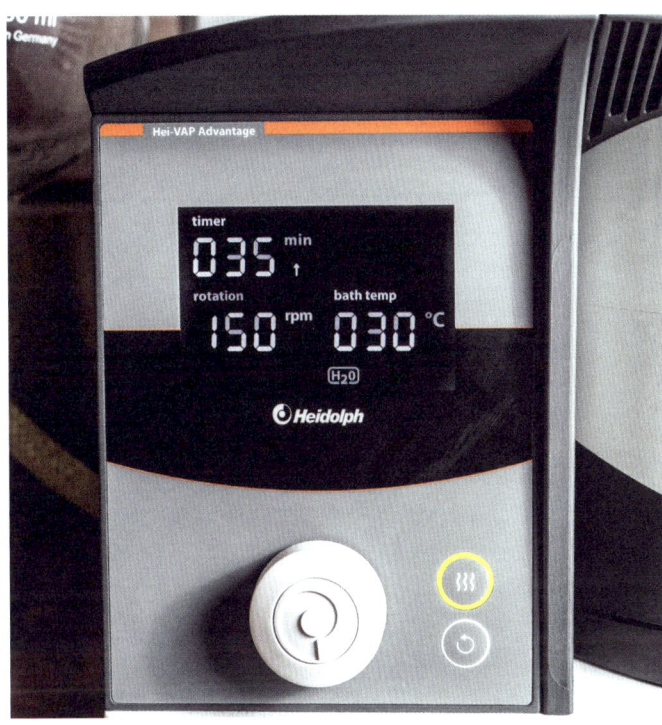

홈메이드 커피 칵테일 재료

🫘 용어사전

SCA 스페셜티커피협회. 고품질 커피를 관리하는 단체.

V60 푸어 오버 커피를 내릴 때 종이 필터를 고정하는 도구. 일본 회사인 하리오에서 생산하며, 옆에서 봤을 때 60°를 이룬다고 해서 이러한 이름이 붙었다.

가나슈 액체 초콜릿.

거름망 액체에서 가는 입자를 분리할 때 사용하는 나일론 망.

골든 시럽 영국 전통 액당. 제빵에 사용한다.

내추럴 프로세스 수확한 커피콩의 씨앗을 빼내기 전에 햇볕에 건조하는 과정.

니트로 캐비테이션 질소 기체를 충전한 휘핑기로 액체에 빠르게 향미를 주입하는 과정.

다크 로스트 짙은 초콜릿색이 될 때까지 로스팅한 커피. 기름기가 도는 경우가 많다.

달라 아랍식 커피포트. 카와라고 하는 아랍식 커피를 브루잉하고 따르는 데 사용한다.

대시 극미량의 계량 단위. 약 1㎖에 해당한다.

드라이 프로세스 '내추럴 프로세스' 참조.

라이트 로스트 가볍게 로스팅한 커피.

로부스타 튼튼한 커피 품종. 신맛이 약하고 쓴맛이 강하다. 인스턴트커피에 주로 사용한다.

마르가리타 글라스 쿠페트라고도 부른다. 마티니 글라스처럼 다리가 있지만, 측면이 V자가 아니라 U자에 가깝다.

말산 과일산의 일종. 사과산이라고도 한다.

모카 카푸치노와 핫 초콜릿의 중간 격인 음료다. 모카 포트는 이탈리아식 스토브탑 브루를 의미한다. 커피를 전 세계로 알린 나라인 예멘에 모카라는 항구가 있다.

바리스타 생업으로 커피를 브루잉하는 전문가.

베르무트 1700년대 중반, 이탈리아 토리노에서 처음 만든 와인. 식물 추출물로 향기를 내고 증류주로 도수를 높인다. 반드시 냉장 보관한다.

블레이저 증류주를 기주로 한 음료에 불을 붙이고 2개의 용기에 반복해서 옮기는 식으로 열을 가하면서 섞어 설탕을 녹인 술.

블루밍 신선한 분쇄 커피에 약간의 물을 부어 흠뻑 적신 다음, 이산화탄소가 커피 밖으로 빠져나올 때까지 뜸을 들이는 식으로 탄산을 최소화하는 기술.

비터스 뿌리, 꽃, 열매, 향신료, 허브를 알코올에 우려 만드는 강한 향의 칵테일 재료. 맛의 균형을 맞추고 복합미를 더하는 효과가 있다.

산타나 텍스투라스 제품군에 속하는 유화제 분말. 액체를 걸쭉하게 하는 데 사용한다.

설탕 시럽 보통 물과 감자당을 절반 비율로 섞은 용액을 말한다. 2 : 1 비율로 섞기도 한다.

수비드 재료를 정밀하게 조절한 온도의 물로 데워서 익히는 요리법. 향미를 우려낼 때도 사용한다.

수크로 텍스투라스 제품군에 속하는 유화제 분말. 폼과 에어에 공기를 주입하는 용도로 사용한다.

스위즐 재료를 바스푼이나 스위즐 스틱으로 강하게 저어 섞는 칵테일 제조 방식.

스페셜티 커피 최상의 품질과 향미를 자랑하는 커피. 특별한 미세 기후 지역에서 생산한다.

스페큘러스 향신료를 넣은 비스킷. 네덜란드, 벨기에, 독일에서 많이 먹는다.

싱글 오리진 원하는 개성을 강하게 표현하기 위해 한 곳에서 생산한 원두만으로 내린 커피.

쓰로잉 칵테일을 2개의 셰이커에 번갈아 옮기면서 섞고 식히고 희석하고 공기를 주입하는 작업.

아라비카 다른 종보다 품질이 월등한 상록수 커피 종. 100% 아라비카를 많이 찾는다.

아마레나 작고 짙은 색의 이탈리아 체리. 맛이 시다. 진한 설탕 시럽에 절여 보관한다.

아마로 비터스에 해당하는 이탈리아 단어. 종종 쓴 허브 리큐어의 대명사 격으로 사용하기도 한다.

아이에스아이 휘핑기 아이에스아이 건이라고도 한다. 이산화질소나 이산화탄소 카트리지를 장착하여 크림이나 달걀흰자에 가스를 주입해 거품을 만든다.

아토마이저 향료를 담아 음료에 뿌릴 수 있는 작은 병.

오드비 무색 과일 증류액.

오향분 중국 요리에 많이 들어가는 혼합 향신료. 계피, 팔각, 정향, 회향, 산초가 들어간다. 육두구, 생강, 감초를 넣는 경우도 있다.

워시드 프로세스 대량의 물로 커피콩의 껍질과 과육을 분리하는 방식.

이브릭 손잡이가 기다란 터키식 커피포트.

점액질 커피콩의 껍질 안쪽 부분. 더 벗기면 커피 씨앗이 나온다.

질감 식감과 온도를 포함하여 입에서 느껴지는 모든 촉감. 음식과 음료의 맛을 표현할 때 사용하는 용어.

추출 비율 추출에 들어가는 물과 커피의 비율. 5:1이라는 표기의 의미는 물과 커피를 5:1로 사용한다는 뜻이다.

카페티에르 프렌치 프레스 혹은 플런저라고 부르는 장비.

케멕스 모래시계처럼 생긴 용기. 종이 필터를 사용하는 푸어 오버 커피를 추출할 때 사용한다.

콜드 드립 드립 방식으로 내린 커피. 중력을 이용해 천천히 향미를 우려낸다.

콜드브루 열을 쓰는 대신 실온에서 접촉 시간을 늘리는 식으로 커피 향을 추출하는 기술.

크레마 커피 위에 떠다니는 공기 거품. 에스프레소에서 쉽게 볼 수 있다.

탬퍼 묵직하고 바닥이 평평한 누르개. 에스프레소를 내릴 때 포터 필터에 들어가는 분쇄 커피를 균일하게 누르는 데 사용한다.

테루아 생산지 환경으로 인해 커피나 와인 같은 경작물에 나타나는 고유의 향미.

토디 침출식 콜드브루를 추출하는 장비를 판매하는 회사 이름.

파코젯 진공 상태에서 냉동 재료를 미세하게 갈면서 공기를 주입하는 고성능 블렌더. 아이스크림이나 소르베를 만들 때 사용한다.

포터필터 에스프레소를 브루잉할 때 사용하는 장비. 손잡이와 작은 바구니로 이루어진다.

푸어 오버 필터에 올린 분쇄 커피에 물을 부어 향을 추출하는 커피 브루잉 기법.

피멘토 드램 럼과 피멘토(올스파이스)를 넣은 리큐어.

하프 앤 하프 우유와 크림을 절반 비율로 섞은 혼합물.

허니 프로세스 커피 가공 방식의 하나. 껍질을 제거한 다음 점액질을 남겨서 말린다.

지은이_ 제이슨 클라크

뉴질랜드에서 살면서 어린 시절부터 수준 높은 커피 문화에 자연스럽게 노출되었다. 훌륭한 에스프레소를 내리고 완벽한 우유 거품을 만들어 예술에 가까운 플랫 화이트를 완성하는 일에 강박에 가까울 정도로 집착했던 것은 생각해보면 당연한 수순이었다.

자연스럽게 커피와 술을 섞는 작업에도 호기심이 생겼으며, 몇 년 뒤에는 커피와 술을 조합하여 다양한 음료를 선보이면서 사람들을 놀라게 만드는 일을 취미로 삼을 수준에 올랐다. 이 책을 쓰게 된 계기도 여기에 있지 않을까 한다.

커피와 술을 처음 섞어 마셨던 순간이 아직도 생생하다. 1997년, 당시 17세였던 나는 파티 바에서 손님이 다 마신 잔을 수거하는 일을 했다. 하루는 손님들이 한바탕 휩쓸고 간 자리를 정리하느라 진땀을 빼고 있었는데, 매니저가 세 개 층으로 정교하게 나뉜 술이 담긴 잔 두 개를 들고서는 나를 챙겨서 조용히 밖으로 나갔다. 지나치게 흥분한(점잖게 표현하자면) 손님에게서 압수한 칵테일이었는데, 받아서 마시자 기대 이상으로 맛있었다. 위층은 달콤한 오렌지 맛이었는데, 매니저가 불을 끈 지 얼마 안 되어서 따뜻했다. 중간층은 캐러멜 크림이었으며, 아래층은 달콤하면서도 분명한 커피 맛이 느껴졌다. 처음 맛본 B52 체리는 정말 대단했!

이후 몇 년 동안 나는 악명 높은 에스프레소 마티니는 물론이고 블랙 러시안, 화이트 러시안, 아이리시 커피, 콜로라도 불도그, 프로즌 블랙 아이리시 등 칵테일을 만드는 방법을 독학했다. 2002년에 바리스타로 일하고 난 뒤에는 두 분야에서 얻은 경험을 살려서 커피와 술을 섞은 칵테일 레시피를 개발해나갔다.

이제 바에 몸담은 지 20년이 약간 넘었으며, 4개국을 넘나들며 다양한 직책을 맡아 꾸준히 나만의 길을 걷고 있다.

몇 년 전부터는 42 빌로우 칵테일 월드컵, IBA 월드 파이널, 볼스 어라운드 더 월드, 애플턴 에스테이트 월드 파이널 등의 세계 칵테일 대회에서 자랑스러운 뉴질랜드 바 커뮤니티의 대표로 참가했다. 진정한 하이라이트는 2013년과 2014년에 열린 디아지오 월드 클래스 글로벌 결승전이었는데, 2013년에는 종합 4위의 성적을 거두었다.

이러한 행사에 참석하면서 내 경험과 지식을 나누어 다른 바텐더가 꿈을 좇을 수 있도록 도와주어야겠다는 생각이 들었다.

옮긴이_ 박지웅

울산과학대학교 화학공업과 중퇴 후 사이버한국외대 영어통역번역학과에서 재학 중이며, 현재 번역에이전시 엔터스코리아에서 과학 분야 전문 번역가로 활동하고 있다. 옮긴 책으로 『마블이 설계한 사소하고 위대한 과학』, 『한 권으로 이해하는 양자물리의 세계』, 『더미를 위한 천문학』, 『신비의 섬 작은 멋쟁이 크레스티드 게코』 등이 있다.